과부하 인간

과부하 인간

노력하고 성장해서
성공해도 불행한

제이미 배런 지음
박다솜 옮김

매 순간 전력을 다하라는 미친 세상에서,
나만의 페이스로 사는 법

RHK
알에이치코리아

순응하지 않는 사람들에게
세상의 반항아들에게
그리고 예민한 영혼들에게
이 책을 바친다.

우리가 앞으로도
대담하고, 용감하며, 열려 있기를.

프롤로그

완벽을 협박 당했습니다

지금 우리가 살아가는 이 세상에 깊게 뿌리내린 불평등을, 나는 도무지 이해할 수 없다. 잘사는 나라에서 뽀얀 피부색을 가지고 태어나야만, 알맞은 몸을 지녀야만, 적절한 기회를 누리며 사는 잘난 소수에 속해야만 행복을 누릴 수 있다니. 행복은 인간 경험의 정수이자 기준이라고들 하는데, 이를 누리지 못하는 사람이 더 많다는 건 참 아이러니다. 사람들은 대단한 성취와 어마어마한 부가 행복의 조건이라고 말한다. 그러나 실제로 부와 성취를 거머쥔 자들은 자신의 잔인하고 무정한 인성으로 타인에게 쉽게 고통을 준다. 이 현실을 대체 어떻게 이해하면 좋을까? 세상 사람들 모두, 자기 자신도 모르는 어떤 주문에 걸려 있는 건 아닐까? 차마 파헤쳐 볼 엄두조차 내지 못하는 강력한 주문 말이다. (나 자신도 그 주문을 들여다볼 용기를 내지 못했다. 아주 오랫동안.)

세상에 불행한 사람이 너무 많다. 그들이 불행한 이유는 '지금'보다 더 잘살 수 있는데, 아직 자신의 잠재력을 충분히 발휘하지 못했다고 느껴서다. 마음속 이상에 비하면 지금의 나는 초라하기 짝이 없다. 아무리 달려도 원하는 삶에 미치지 못하는 지금의 나는 애처롭고, 딱하고, 못났다. 남들 모두가 나보다 많이 가진 것 같다.

우리는 사회에서 배운 것들을 절대적 진실이라고 너무 쉽게 믿어버린다. 사실은 그렇지 않다. 우리는 태어난 순간부터 사회가 세워놓은 가치 체계 안으로 들어간다. 사회화를 통해 기존의 가치 체계를 의식하고, 그에 따른다. 지금 우리 사회의 가치 체계는 위계가 중심이다. 즉 우리 사회에서 '잘 산다'의 의미는 '우리 아래에 다른 누군가가 있다'는 것이다. 우리는 그렇게 위계 중심의 가치를 받아들이고 흡수한 뒤, 원래 우리가 믿어왔던 것인 양 내면화한다. 그렇게 위계는 인생의 의미를 평가하는 기준이 된다. 우리가 얼마나 행복을 누려도 되는지, 얼마나 '잘' 살고 있다고 느낄지를 결정하는 기준이 된다. 그렇게 위계는 우리의 인간성을 죽이고 있다.

'바람직한 몸'의 기준은 계속 바뀌어 왔지만, 모두가 쟁취하려 노력하는 이상적인 기준이 존재하지 않던 순간은 없었다. 부는 항상 불공평하게 분배되었으며, 불공평할수록 불평등은 더욱더 당연한 상태가 되었다. 많은 국가가 사람보다 수익을 우선한다. 망가지고 부패한 시스템에 잘 적응해 살아가지 못하는 사람들은 스스로 실패자라 느낀다. 생산적이고, 완벽하고, 냉정하고, 감정적 요구가 없는 로봇이 되라는 사회의 기대에 부응하지 못하면 실패했다고 느낀다.

우리는 많은 것을 필요로 한다. 더 많은 걸 원한다고 느낀다. 그러나 그 느낌이 우리의 진정한 욕구와는 상관없을 때도 있다. 우리는 다양하게 무언가를 계속 원하지만, 사실 그때 우리가 궁극적으로 얻으려는 것은 사회적 자본이다. 사회적 자본이 다른 무엇보다도 큰 의미를 지니는 지금, 세상에는 다음과 같은 메시지가 널리 퍼져 있다. "바람직한 몸, 외모, 피부색을 지녀라. 올바른 성적 지향과 믿음 체계와 그밖의 모든 것을 지녀라. 그러면 당신은 괜찮아질 것이다." 그러지 못한다면 자신이 어딘가 모자란 사람이라는 느낌에 고통받거나, 몇 년 동안 자기혐오에 시달려야 한다. 우리에게 끊임없는 자기혐오를 주입한 주체는, 행복과 가치를 '자격'의 문제로 바꿔버린 편협한 사회다. 누가 행복할 자격이 있는가? 누구의 삶이 가치 있게 여겨질 자격이 있는가? 사회가 주입한 가치 체계에서 스스로 가치 있다고 느끼려면, 몸을 갈아넣어 아등바등 노력해야 한다. 위계를 중심으로 하는 가치 체계에서 '잘' 사는 사람은 피라미드 꼭대기에 있는 사람들뿐이다.

이 체계는 매우 나쁘다.

누구도 진정으로 행복하지 못하므로 이 체계는 나쁘다. 심지어 제일 꼭대기에 있는 사람조차 행복하지 못하다. 피라미드 꼭대기에 올라가려면 권력 지향적이고, 탐욕스럽고, 이기적이고, 무자비한 태도를 지녀야 한다. 그렇게 살면 인간성을 잃고 타인과 소통할 수 없다. 피라미드 꼭대기에 올라 부를 일군 사람이, 돈 말고 무엇을 갖고 있을까? 그는 돈으로 살 수 없는 어떤 가치를 지니고 있는가?

권력을 둘러싼 투쟁에서 성공한 사람이 행복하지 못하다면, 실패한 다른 수십억 명의 사람들은 어떨까? 우리 역시 행복하지 못하다. 우리는 패배하고 있다. 팬데믹이 덮친 2020년 한 해가 생생한 증거다. 이 세상은, 특히 서구 세계는 인간에게 관심이 없다. 이 세계는 누구의 안녕에도 관심이 없다. 이윤 창출에 어떤 사람이 방해되면, 갖다 치운다. 이윤 창출에 지구 자체가 방해되면, 불태워 버린다. 우리는 서로를 지지해 주지 않는다. 우리는 서로를 돌보지 않는다.

모두 자신만을 위해 살고 있다. 우리에겐 공동체 의식도, 돌봄 감각도 없다. 그런 감각은 서구 세계의 가치 체계에서 거의 찾아볼 수 없다. 그래서 우리는 고통받는다.

이 책은 많은 의미에서 '자기 성장'을 위한 책이다. 자기 계발, 자기 변혁, 뭐라고 불러도 좋다. 이 책은 당신이 스스로 치유하도록 돕는 책이다. 동시에, 세상을 치유하고자 하는 책이기도 하다.

'근본적 만족'은 이 세상에서 감정적으로 벗어나는 데서부터 시작한다. 권력을 지향하는 가혹한 사회의 가치 체계를 지워버리고, 내면의 가치 체계를 새롭게 만드는 데서부터 시작한다. 새로운 가치 체계에서 당신은 있는 그대로 받아들여지고, 긍정받고, 귀중하게 여겨지고, 사랑받는다. 당신에게 가치가 없다고, 당신이 있는 그대로 행복할 수 없다고 말하는 사회에서 벗어나는 건 악몽에서 깨어나는 일과 비슷하다. 족쇄가 풀리는 것과도 비슷하다. 남들보다 뒤처졌다고 느낀 적이 있는가? 그건 자기 자신을 의심하라고 사회에서 만든 개념이다. 우리는 스스로 그렇게 느낄 필요가 없다. 당신은 상품이 될 필요가 없다. 외부의 인정을 받기 위해 더 많은 일을 할 필요도, 더 나은 사람이 될 필요도 없다. 타인의 방식대로 당신의 삶을 살 필요도 없다. 사회의 규칙을 따를 필요도 없다. (법은 지켜야 한다. 어떤 법은 끔찍하게 불공평하지만.) 당신은 벗어날 수 있다. 근본적으로. 그리고 바로 거기서부터 자신을 사랑할 수 있다.

벗어남은 안에서부터 시작된다. 사고방식을 바꾸는 데서 시작한다. 이윽고 행동의 변화가 생겨난다. 내게 일어난 변화와 당신에게 일어날 변화는 전혀 다른 모습일지도 모른다. 벗어남은 모든 사람을 각자에게 들어맞는 삶으로 이끈다.

벗어남은 나만의 가치 체계를 가지는 행위다. 남과 나를 자꾸만 비교하려는 강박을 지우는 것이다. 스스로 사랑하는 것이다. 다른 사람이 나를 어떻게 생각하는지가 아니라, 내가 나 자신을 어떻게 생각하는지에 초점을 맞추는 것이다. 벗어남은 근본적으로 만족하는 삶의 주춧돌이다. 벗어남은 세상이 당신에게서 원하는 것을 거부하고, 당신이 당신 자신에게서 원하는 것을 선택하는 것이다. 벗어남은 당신에게 가장 보람 있는 삶을 일궈나가는 것이다. 당신에게 지나치게 많은 조건을 요구하는 가혹한 세상으로부터 입은 마음의 상처를 치유하는 것이다. 남들이 정한 '규칙'의 한계 밖으로 나가는 것이다.

벗어남은 곧 근본적인 자유다.

다시는 누구에게 당신을 증명하지 않아도 된다. 당신의 가치를 인정받기 위해 전전긍긍하지 않아도 된다. 세상이 당신을 긍정해 줄 때까지 기다리지 않아도 된다. 당신의 삶이 진짜로 시작할 때까지 기다리지 않아도 된다. 누구에게도 허락을 받지 않아도 된다.

근본적 만족은 살아가는 방식이다. 정확히 말해, 누군가처럼 살아가는 방식이 아니라, 당신대로 살아가는 방식이다. **당신의 성공을 정의하는 사람은 당신 자신이다.** 근본적 만족은 당신만의 소박한 삶을 꾸려나가며 행복해지는 것이다. 잔인하고 엉망인 세상의 기준에 빗대어 자신의 가치를 평가받고, 고군분투하고, 증명하고, 밥값을 해내려 아등바등하는 일을 그만두는 것이다.

근본적 만족은 사회가 우리에게 가르치는 가치, 문화가 우리에게 원하라고 가르치는 가치에 따라 살지 않는 것이다. 가장 깊은 곳에 존재하는 당신 내면의 진정한 자아가, 진심으로 갈망하는 가치에 따라 사는 것이다.

근본적 만족은 당신 자신이 되는 것에서 온다. 어떻게 살아야 한다는 세상의 기대를 벗어던진 채로. 근본적 만족은 당신 자신으로 사는 것이다. 가장 자유롭게 자신을 표현하면서.

근본적 만족은 배운 것을 잊는 것이다. 무언가가 되지 않는 것이다. 허물을 벗는 것이다. 치유하는 것이다. 온전해지는 것이다. 근본적 만족은, 하나의 움직임이다.

근본적 만족은 우리가 누구든 어디에 있든 행복해지는 방법이다. 이는 완벽해야 한다는 세상의 잔인한 요구에서 벗어나라는 초대다. 행복과 만족, 충만함을 더 많은 사람이 느낄 수 있도록. 근본적 만족은 누구도 소외되지 않는 곳으로 찾아오라는 초대다. 모두가 편안하게 존재하는 곳으로. 모두가 가치 있는 곳으로. 자기 자신이 아닌 누군가가 되기 위해 무언가를 더 많이 할 필요 없는 곳으로. 최고가 되지 않아도 되는 곳으로. 영향력 있는 사람이 되지 않아도 되는 곳으로. 대상을 받지 않아도 되는 곳으로. 당신이 잘 살고 있음을 증명하기 위해, 원치 않는 일을 하지 않아도 되는 곳으로.

나는 많은 사람이 기존의 가치 체계에서 벗어나면 변화가 시작될 거라 희망한다. 인간을 함부로 대하는 위계 중심의 가치 체계 안에서 우리는 모두 모범생이 되기 위해 너무 노력해 왔다. 승리하기 위해 남을 착취하는 체계 안에서 승리하려 너무 애써왔다. 우리는 바깥 저 멀리에 존재하는 무언가를 손에 넣으려고 고군분투하지만, 사실 우리가 원하는 그것은 이미 우리 안에 있다. 우리 안에서, 우리가 알아봐 주기를 가만히 기다리고 있다. 인생이라는 게임은 쟁취하기 위해 사는 것이 아니다. 많은 사람이 벗어남을 택하면, 하나의 물결이 생겨날 것이다.

이 책은 있는 그대로의 자신으로 살라는 급진적인 초대다. 당신에게 자꾸만 아직 부족하다고 말하는 것들이 무엇이든 간에 내다 버리고, 치유의 길로 들어서라는 초대다. 기존 체계에서 벗어나면, 폐허에 새로운 기틀을 세울 수 있다. 바로 그 자리에서부터 당신에게 꼭 들어맞는 삶을 일궈나갈 수 있다. 그렇게 당신은 내려놓음으로써 되찾을 수 있을 것이다. 당신을 위한 것을. 그리고 우리를 위한 것을. 당신에겐 진정으로 사랑하는 아름다운 삶을 살아갈 자격이 있다. 내게도, 우리 모두에게도 그러하다.

요즘 세상에 행복과 만족에 관해 책을 쓰는 건 그리 쿨해 보이지 않는다. 나 역시 한때 나의 비관과 회의가 좋았다. 행복은 망상일 뿐이라고 믿으며 스스로 채찍질하는 태도가 마음에 들었다. 부정적인 시선 덕분에 내가 예리한 사람이 되었다고 생각했다. 불안으로 인해 내가 더 나은 예술가가 되었으며 더 많은 것을 성취했다고 생각했다. 20대엔 명확한 꿈이 있었다. 검은색 터틀넥 니트를 입고 벽돌이 그대로 노출된 브루클린의 카페에서 벽을 마주 보고 앉아 블랙커피를 마시며 노트북으로 글을 쓰는 작가가 되고 싶었다.

성실해지고 싶은 건 아니었다. 감성적인 사람이 되고 싶은 것도 아니었다. 나는, 행복해지고 싶지 않았다.

행복해지는 것이 성공을 포기하는 것처럼 느껴졌다. 만족하는 건 안주하는 것처럼 느껴졌다. 나는 특별한 사람이 되고 싶었다. 우울하지만, 많은 걸 이룬 사람. 불안하지만, 남들에게 대단해 보이는 사람. 다른 사람의 마음을 어루만져주고 싶지는 않았다. 오히려 누구보다도 잘나고 싶었다. 타인의 공감 대상이 되고 싶지 않았다. 명랑해지고 싶지 않았다. 괜찮아지고 싶지 않았다. 건강해지고 싶지 않았다.

그렇게 맞이한 30대는 그야말로 무력하고, 심드렁하고, 불행하고, 불안하고, 절망스러웠다. 내 삶에 즐거움이란 존재하지 않았다. 낙관할 구석이 하나도 없었다. 나는 행복한 사람들을 증오했다. 온 마음을 다해 증오했다. 나는 불만에 가득 차 있었다. 내가 지닌 모든 한계에 대해 변명하는 게 습관이 되었다. 아직 성공하지 못했지만, 내겐 성공할 자격이 있다고 생각했다. 내게 성공이란 내 가치를 입증할 수단이었다. 내게 반드시 필요하면서도 내가 거머쥐어야 마땅한 무언가였다.

나는 참 많은 걸 원했다. 머리가 원하는 것과 마음이 원하는 것이 달랐다. 불행하길 바랐지만, 사실은 행복하기를 원했다. 예민하게 굴고 싶었지만, 사실은 명랑하게 지내고 싶었다. 쿨하고 싶었지만, 사실은 진정성 있는 태도로 살고 싶었다.

내가 성장기를 보낸 1990년대에 10대는 착하고 상냥해선 안 되었다. 쿨한 10대는 아무것도 신경 쓰지 않아야 했다. 나는 진짜로 쿨해지고 싶었다. 폼 나게 살고 싶었다. 작가가 되어 '진짜 중요한 것'에 대해 글을 쓰고 싶었다. 그러니까, 우울에 대해. 불안에 대해. 또다시 우울에 대해.

그런 바람을 품고 꽤 오래 살아간 뒤에야, 나는 깨달았다. '내가 우울하구나. 불안하구나. 슬프구나. 비관적이구나. 내가 나에게 상처를 주고 있구나. 아무것도 신경 쓰지 않으려다가 내 마음마저 신경 쓰지 않게 되었구나.' 나는 이 아이러니를 더 이상 웃어넘길 수 없었다. 불만이 많다고 예리한 사람이 되는 건 아니었다. 내가 뾰족하게 굴수록 나 자신을 상처 입힐 따름이다.

치유의 여정을 거친 지금, 36세의 나는 진정성 있고, 성실하고, 동정심이 많고, 명랑하고, 많은 것을 신경 쓰는 사람이 되었다. 나는 깊게 마음을 쓴다. 나는 원한다. 나는 낙관한다. 나는 긍정을 믿는다. 나는 내가 한때 혐오했던, 밝고 명랑한 사람이 되었다. 싫지 않다. 마침내 나는 행복해졌으니까.

좋은 기분으로 살고 싶다. 행복해지고 싶다. 치유를 계속하고 싶다. 기쁨이 지닌 복잡성을 이해하는 사람이고 싶다. 만족하고 싶다. 충만해지고 싶다. 지금 나는 내 삶에 진심이다. 당신도 변할 수 있다. 아직 방법을 모를 뿐. 이 책을 집어든 걸 환영한다.

모든 거대한 변화의 시작에는 터닝포인트가 있다. 변화라는 게 마냥 설레고 신나는 일은 아니다. 실은 고통스러울 때가 더 많다. 그래서 사람들 대부분이 이대로는 못 살겠다는 생각이 들지 않는 이상, 삶을 바꾸려 하지 않는다. 나는 행복을 느끼는 데 소질이 있는 사람은 아니다. 낙관적인 자세를 힘들여 배우긴 했으나, 그 아래에는 여전히 부정적이고, 불안하고, 불평하고, 불만족스러운 내가 있다. 아직 세상에서의 내 입지에 관해 불편을 느끼는 사람이다.

그래서 나는 자주 실존적 위기를 맞으며 살아간다. 그래도 내 삶을 완고하게 사랑한다.

이것이 벌써 36년째 내가 받아들이려 노력하는 모순이다. 마음속에서는 뭔가 더 가져야 한다는 목소리와 이대로도 충분하다는 목소리가 충돌하며 반향을 일으킨다. 나는 2016년 말에 항불안제를 복용하기 시작했다. 처음 약을 받아온 날, 평생 약에 의존하고 싶지는 않아서 결심을 하나 했다. 이제와 돌이켜 보면, 그때 그토록 진지하게 결심한 게 신기하다. 나는 습관을 세우고 성실히 실천하는 유형이 아니었다. 평생 작심삼일로 살아온 인간이었다. 하지만 정신과 약과 압도적인 불안 앞에서는 진지해지지 않을 수 없었다. 그래서 나는 스스로 맹세했다.

항불안제를 복용하는 동시에, 나 자신을 행복하게 만들 것은 힘이 닿는 한 무엇이든 전부 하겠다고. 과거를 치유하겠다고. 빚을 청산하겠다고. 일기를 쓰겠다고. 꾸준히 운동하겠다고. 내게 스트레스를 주는 야망은 내려놓겠다고. 나 자신과 내 삶을 있는 그대로 좋아할 방법을 찾아내겠다고. 내가 원한 30대의 모습에 다다르지 못했지만, 그래도 그런 내 모습을 있는 그대로 받아들이겠다고. 나는 나를 행복하게 만들지 않는 모든 걸 그만뒀다. 야망도 일단 내려놓기로 했다. 그 야망의 추동력은 나를 갉아먹는 지속적인 불안이었으므로.

행복해지고 싶었다. 그게 다였다. 기분이 좋아지길 바랐다. 살면서 한 번도 그런 목표를 세운 적이 없다는 걸 깨달았다. 사회가 말하는 행복을 따르며 성공하려 애썼다. 그 결과 남은 건, 지칠 대로 지쳐버린 내 모습뿐이었다.

더 노력할 기운이 없었다. 너무 오랫동안 노력에만 매달린 탓에, 이제는 내가 진짜로 뭘 원하는지조차 알 수 없었다. 모든 게 압박으로 느껴졌다. 점점 강해지는 압박이 나를 공황으로 밀어 넣고 있었다. 그렇게는 살 수 없었다. 나는 2017년 내내 매일 아침 항불안제를 복용했다. 이게 내가 살면서 처음으로 꾸준히 지킨 습관이었다. 그리고 나는 나를 실험하기 시작했다. 삶의 필수 요소만 제외하고 나머지를 줄여나갔다. 단지 생활을 유지하고 카드값을 내고 빚을 갚기 위해 돈을 벌었고, 열정을 위한 프로젝트나 무작정 벌려 놓은 부업 같은 건 그만뒀다. 삶을 단순화했다. 처음에는 포기하는 것처럼, 인생에서 실패한 것처럼 느껴졌다. 하지만 초점을 한 군데에 맞추자, 한 가지 사실이 차츰 놀랍도록 선명해졌다. 결국, 나는 행복해질 것이다. 방법은 아직 알 수 없었다. 행복해지기 위해선 끊임없이 쟁취하고 성취해야 한다고 생각해 왔으니까.

하지만 올바른 방향으로 발걸음을 내디뎠다는 직감이 들었다. 나는 삶의 속도를 늦추라는 몸의 소리를 믿었다. 사실 몸의 소리에 귀 기울이기로 선택했다기보단, 그럴 수밖에 없는 지경에 내몰렸다. 기존의 삶은 나를 해치고 있었다. 그리고 나 자신을 해치는 데 이제 이골이 났다.

이 책은 바로 거기서 시작한다. 2017년 초, 바쁘게 돌아가던 삶에서 '일시 정지' 버튼을 누르며 나는 잠깐 경유지에 들린 거라고 생각했다. 그러나 그때의 멈춤은 더 넓은 여정으로 이어졌고, 마침내 내 삶의 기틀을 이루었다. 그때 나는 내가 정확히 뭘 하고 있는지 몰랐다. 내가 충만하고 만족스러운 삶을 만들어 나가고 있다는 걸 몰랐다. 내가 수십 년 동안 사회에서 배운 가치를, 노력이 최고라는 정신을 잊으려 애쓰고 있다는 걸 몰랐다. 나 자신을 있는 그대로 받아들이려 노력하고 있다는 걸 몰랐다. 기분을 전환하거나 일상을 탈출하지 않아도 괜찮은 삶을, 지금 만드는 중이라는 걸 몰랐다.

목적지가 어딘지도 모른 채, 전보다 나아질 수 있다는 믿음 하나만으로 어두운 터널을 지나면서 나는 깨달았다. 사회의 규범 바깥에서도 살 수 있었다. 충만하고 만족스럽게 살 수 있었다. 근본적으로 만족스러운 삶을. 나의 진정한 꿈과 욕망을 아우르며, 현재의 기쁨을 지연시키지 않는 삶을. 즐거움과 휴식과 건강을 나중으로 미루지 않는 삶을. 나의 가치를 외부에서 쟁취하려 애쓰느라 균형을 잃지 않아도 되는 삶을.

그런 의미에서 만족은 꿈이나 희망 없이 사는 것과는 다르다. 내게 만족은 안주와는 다르다. 내게 만족은 나를 한껏 표현하며 사는 것이다. 사회가 "원해야 한다"고 알려준 미래를 쟁취하려 애쓰느라, 지금의 즐거움을 미루지 않는 것이다. 지금에 만족한다고 해서 동기가 줄어드는 건 아니다. 오히려 자신에게 맞는 것들에서 새로운 동기를 얻는다. 자기 가치를 입증하려는 노력이 아니라, 사랑, 열정, 즐거움, 진정한 열망이 나를 움직인다.

지금 여기의 삶에 만족함으로써, 나는 변화하고 성장해 나갈 풍요롭고도 개방된 공간을 얻게 되었다. 성취, 꿈, 업적 같은 것들은 이미 근사한 삶에 추가로 올라가는 장식품 같은 것이다. 야망을 품은 채로 만족할 수 있냐고? 전적으로 가능하다. 그것이야말로 생산성과 성과에 집착하는 문화 바깥에서 살아가는 새롭고도 급진적인 방법이다. 가장 행복한 삶은 힘든 고행을 마친 뒤 도착하는 목적지가 아니다. 가장 행복한 삶은 오히려 우리 안에 고이 접혀 있다. 펼쳐내기만 하면 된다.

만족은 포기가 아니다. 새로운 삶의 기틀이다. 우리 대부분이 찾아 헤매지만, 쉽사리 발견하지 못한다. 이 책은 스스로를 갈아넣어 노력하라는 함정에서 벗어나, 지금 이 자리에서 진정으로 행복해지기 위한 여정이다. 그 길을 먼저 걸으며 얻은 많은 교훈을 이 책에 모두 담았다.

이 책은 당신에게 정확히 뭘 하라고 말하지 않는다. 당신이 마음속 깊은 곳에서 이미 알고 있던 것을, 머리로 이해하도록 도울 뿐이다. 이 책은 나처럼 야망이 많고 꿈이 크지만, 무엇보다 즐겁게 살고 싶은 사람들을 위해 쓰였다. 더 나은 삶의 방식이 있을 거라고 생각한다면, 꼭 읽어주기를 바란다. 누구에게나 자신만의 균형이 필요하다. 삶의 결은 저마다 미묘하게 다르다. 하나의 상자에 욱여넣을 수 있는 삶은 없다.

그러니 당신이 이 책을 시작하기 전에, 먼저 말해두고 싶다. 나는 당신을 어떤 상자에 가둘 생각이 전혀 없다. 이 책을 단순히 하나의 지침서로 읽어주면 좋겠다. 내가 치유의 여정을 밟는 동안, 손에 들려 있었으면 좋겠다고 바랐던 지침서로. 우리의 가장 진정한 자아를 존중하고, 일상에 만족과 즐거움을 가져다주되, 성장하고 확장하며 모든 꿈을 이룰 널따란 공간을 열어주는 지침서로. 일과 삶과 존재의 방식에 대한 지침서로.

이 책을 우리에게 바친다. 앞으로 다시는 즐거움을 나중으로 미루지 않길 바라며.

차례

Part 2 가장 인간적인 자기계발

특권에 대한 덧붙임

내가 이 책을 쓴 건 당신이 당신만의 치유 방법을 찾아가도록 돕기 위해서다. 그러나 자기계발의 개념들을 과도하게 단순화하는 과정에서 일부 피해가 발생할 수 있다는 걸 알기에 여기에 몇 문장 덧붙인다. 캘리포니아 북쪽 백인 중산층 가족 출신인 나는, 내가 살던 고장의 기준으로 소박한 환경에서 자랐지만, 전 지구의 수준에서 보면 많은 이에게 주어지지 않은 특권을 누렸다. 나는 세계에 존재하는 다양한 특권의 종류와 차원에 대한 감수성을 최대한 발휘하고자 최선을 다했다. 인류라는 다채로운 직물을, 당신이 경험한 것들의 온전한 스펙트럼을, 내가 완벽하게 요약할 수 없다는 것을 안다. 나는 내가 쓰는 글에서 최대한 누구도 배제하지 않으려 노력하고 있다. 나의 노력이 이 책에 반영되었기를, 그래서 이 책이 당신에게 치유와 위안의 처소로서 기능하기를 희망한다.

Part 1

나를 고장 낸
자기계발

· · · · ·

모든 변화는 인식에서 시작한다. 인식은 우리 삶에 강력한 영향을 행사하는 도구다. 우리를 둘러싼 환경과 그곳에서 우리가 전달받는 미묘한 메시지를 인식하지 않으면, 우리는 '자동 조종 모드'에 들어가게 된다. 즉, 우리가 개인적으로 믿지 않는 가치들을 이뤄내려 무의식적으로 노력하며 살게 된다. 자동 조종 모드에서 벗어나기 위해, 삶의 속도를 늦춰 보면 어떨까? 그래야만 우리 자신이 무엇을 원하는지 정확히 알 수 있을 테니까.

파트 1에서는 우리가 지워내야 할 가장 중요한 개념들을 제시한다. 이 개념들을 잊는 것만으로도 삶의 질이 급격하게 상승할 것이다. 당신이 삶을 해석하는 방식은, 곧 당신이 삶을 경험하는 방식을 결정한다. 당신 자신과 당신의 삶을 보는 필터를 바꾸면 자유를 얻을 수 있다. 처한 상황에서 벗어나려 애써왔는가? 당신이 지금 진짜로 벗어나야 하는 건 계속 같은 목표를 갖도록, 계속 지금의 상황 주변을 맴돌도록 만든 믿음이다.

배운 것을 계속 지워가다 보면, 삶이 당신을 놀라운 곳으로 이끌지도 모른다. 당신의 꿈이 바뀔지도, 야망이 바뀔지도 모른다. 접어두었던 욕망을 되찾을지도 모른다. 당신의 인생 이야기를 완전히 새롭게 써 나갈지도 모른다. 당신이 그 모든 것을 받아들이기를 바란다. 세상이 당신에게 강요하고 요구하는 인간상에게서 벗어나라. 당신에게 맞는 삶을 두 팔 벌려 받아들여라. 배운 것을 지우고 난 뒤 당신 눈앞에 놓인 길이 어떠하든, 그것은 당신의 길이다. 그 길은 내게 펼쳐진 길과는 다를 것이다. 그게 핵심이다. 당신만의 삶에 깃든 아름다움을 발견하길 바란다. 당신이 당신의 삶과 사랑에 빠지길 바란다.

　　세상이 당신에게 강요하는 이상적인 인간의 모습 같은 건 지워버려라. 그래야 당신이 치유된다. 그래야 세상에 순응하는 사고방식에서 벗어나, 당신의 이야기를 당신이 직접 쓸 수 있다. 그럼, 이제 시작해보자.

불만족이 나를 성장시킨다

사람들은 현재 삶이 불만족스러운 게 당연하다고 믿는다. 그들의 논리를 들어보자. "불만족은 행복을 창조하게 하는 동기가 된다. 우리가 잠재력을 전부 실현하지 못한 지금의 삶에 불만족스러운 건 자연스럽다. 만족은 여러 면에서 포기하는 것과 같다. 주저앉아 안주하는 것과 같다. 더 노력할 수 있는데, 왜 만족하는가? 성공해라! 포기하지 마라! 해내라! 멈추지 마라! 우울은 털어버려라! 기분 좋게 살아라! 잠은 죽어서 실컷 잘 수 있다!" 나도 비슷하게 생각하며 살았다. 불만족이야말로 나를 움직이는 가장 중요한 동기라고 확신했다. 내가 나를 좋아하면, 노력 자체를 포기하게 되지 않을까? 목표를 추구하고, 달성하고, 나 자신을 입증하고, 노력하는 것. 내겐 그 모든 게 행복해지거나 만족하는 것보다 훨씬 시급한 사안처럼 느껴졌다.

나는 바람직한 몸매를 갖지 못했다. 꿈꾸던 커리어에 발도 떼지 못했고, 영향력 있는 인물이 되지도 못했다. 나는 어느 모로 보나 눈여겨볼 데가 없었다. 공백 없는 연애를 할 만큼의 매력도 없었다. 그래서 내가 불만족을 느끼는 건 당연하다고 생각했다. 어릴 적 꿈을 이루지 못했으니까. 스스로 세운 목표를 달성하지 못했으니까. 불만족은 내가 받아 마땅한 벌이었다.

그때 내가 몰랐던 게 있다. 내가 내 모습과 내 삶에 대해 느낀 불만족은 저절로 느낀 게 아니었다. 내가 배웠기 때문에 느낀 것이었다. 사회에서 배운 것들을 통해 그렇게 느낀 것이다. 다시 말해, 내가 불만족스러웠던 건 사회의 가치관에 길들었기 때문이었다.

사회는 우리에게 왜 불만족을 가르칠까? 자기 모습을 나쁘게 느끼는 사람에게선 큰돈을 얻어낼 수 있다. 아주 어릴 적부터 어떤 이상과 기준을 주입받은 사람은, 본능적으로 그것을 좇는다. 사회가 정한 기준을 만족시키지 못하면, 자신에게 문제가 있다고 생각한다. 이때 어떤 기업이 해결책이랍시고 어떤 제품을 내놓으면, 그 제품을 구매한다. 다시 말해, 불만족스러운 세상에서 큰 이득을 보는 누군가 존재한다. 만족한 사람에게서 돈을 얼마나 얻어낼 수 있을까? 그다지 큰돈은 아닐 테다.

반면 자기 의심에 빠져 허우적거리는 사람에게는? 반드시 남들만큼 살아야 한다고 믿는 불치병에 걸린 사람에게는? 기업들 입장에서 그들은 노다지 그 자체다. 달성해야 할 목표가 계속해서 변하는 사람이라면 더할 나위 없이 좋다. 돈을 더 벌 수 있으니까. 더 많은 문제를 만들면, 더 많은 해법을 팔 수 있다. 음모론 아니냐고? 아니, 이건 현대 광고의 근간이다. 마케팅을 공부할 때 소비자 행동론에서 이 사실을 배웠다. 마케팅에서는 문제를 '불만 지점pain point'이라고 명명하고, 특정 제품으로 문제를 해결할 수 있다고 소비자를 설득한다. 제품에 대한 '수요'를 발생시키려 일부러 특정 이슈를 만들고, 이를 사람들이 내면화하게 만드는 거다. 이 단어의 존재 자체가, 자본주의 사회에서 전혀 필요 없는 제품의 수요를 위해 쓸데없는 불만 지점이 많이 만들어졌음을 증명한다.

제품은 해결책을 제시한다. 제품에 대한 수요를 만들려면, 해결책이 필요한 이유를 만들어야 한다. 이렇게 불만은 우리가 숨 쉬는 공기에 의도적으로 주입된다. 이 사실을 모르면 진정으로 마음에서 우러나온 불만과 수년 동안 외부로부터 주입된 불만을 구별하기 어렵다.

이토록 유구한 생각을 바꾸는 일이 가능하긴 하냐고? 과거의 나도 그게 불가능하다고 생각했다. 그런 생각이 기분을 나쁘게 만든다는 건 막연하게나마 알고 있었다. 우울감에 압도되어 몇 주씩 현실과의 접속을 끊고 어둠 속으로 침잠하기도 했다. 나는 내가 싫었다. 하지만 내가 아는 여자 중에 나와 같은 감정을 느끼지 않는 사람은 하나도 없었다. 그래서 나는 이 생각과 기분이 정상이려니 생각했다.

어딜 가든 잡지 표지에 박힌 문구가 눈에 들어왔다. 연애, 일, 몸매… 인생의 각종 '문제'들에 대한 해법을 주겠노라 떠들어대는 문구들. 그런 문제가 세상에 존재하는 줄도 모르고 멀쩡하게 살던 사람이 식료품점에서 줄을 섰다가 우연히 잡지 표지에 적힌 글귀를 읽는다. 읽자마자 자기에게 그런 문제가 있다는 걸 자각한다. 나 또한 그냥 세상을 살아가다가 위와 같은 방식으로 어떤 메시지들을 받아들이게 되었다. 의식적으로 소비하지 않아도 도처에 메시지가 널려 있다. 친구와의 대화에, 우리의 몸과 인생에 대한 모든 불평에 비슷비슷한 메시지들이 들어 있다. 그 메시지들의 합창을 계속 듣다 보면, 결국 그게 사실이라고 믿게 된다.

살찌면 사랑받지 못한다. 살을 빼지 않으면 최고의 인생을 살 수 없다. 어떤 목표들을 달성하기 전에는 행복할 자격이 없다. 다른 사람의 인정을 받는 게 중요하지, 자기 자신에 대해 어떻게 느끼는지는 중요하지 않다. 우리는 끊임없는 자기계발 프로젝트의 대상이며, 자기계발에 해당하지 않는 행동은 전부 게으름의 소산이다. 자기혐오는 모든 여자에게 당연한 감정이다.

모두가 자신에게 가혹하다. 모두가 자신을 의심한다. 우리가 직접 내리는 모든 선택은 '올바른' 선택이 아니다. 과거의 나는 이런 모든 메시지가 인위적으로 만들어졌으리라 생각하지 않았다. 설마, 그럴 리가. 살다 보면 모든 개인이 이런 결론에 다다르는 것이겠거니 생각했다. 아무리 노력해도, 아무리 애써도, 아무리 나를 갈아넣어도 내 모습에 만족하기란 불가능했다. 그게 정답이라고 생각했다. 우리가 다 같이 스스로를 혐오하겠다고 결정한 거라 오해했다. 자신을 열등하게 느끼는 게 문화 때문이 아니라고 오해했다. 우리가 별별 사소한 것을 두고 경쟁하는 게 당연하다고 오해했다.

　나는 나에게 품은 회의와 불만족에 관해 오랫동안 오해했다. 이는 문화가 나에게 주입한 메시지가 아니라 내가 스스로 다다른 결론이라고. 그 바람에 내 마음속은 전쟁터가 되었다. 내가 충분한 사람이 아니라는 증거가 차고 넘쳤다. 외부에서 주입된 불만족이 어느새 나의 신조가 되었다. 사회적 기대 역시 나의 이데올로기로 흡수되었다. 마치 어느 날 내가 잠에서 깨어, 내 삶이 앞으로 결코 충분하지 못할 거라고 선언한 것처럼. 그때부터 사회에서 들이미는 해법들이 매력적으로 느껴지기 시작했다. '살 빼면 괜찮아질 거야. 목표를 달성하면 가치 있는 사람이 될 거야. 내가 해야 하는 모든 것을 해내면, 언젠가 대가가 돌아올 거야. 언젠가는 괜찮아질 거야.' 사실 이렇게까지 의식적으로 생각하진 못했다. 현실은 '내가 너무 싫은데, 어떻게 하면 이 느낌에서 벗어날 수 있지? 뭐라도 해보자'는 정도였다. 그렇게 나는 나 자신에게 도망치려 애썼다. 너무 오랜 세월을 그렇게 허비했다. 스스로를 등지고, 내가 아닌 다른 누군가가 되기 위해.

　불만족할 이유는 차고 넘치는 데 비해 불만족을 거부할 이유는 없었다. 우리는, 특히 여자들은 자기 몸을 싫어하라고 주입받는다. 선택한 것에 만족하지 말고, 언제나 무언가

'부족함'을 느끼라고 배운다. 우리 몸은 있는 그대로 괜찮은 법이 없다. 젊음을 유지하기 위해 끝없이 노력해야 한다. 커리어를 선택하면 아이를 낳지 않은 걸 후회하게 된다. 아이를 키우며 전업주부로 살면, 커리어가 없는 잉여 인간이 된 기분을 느끼게 된다. (아이를 낳거나, 낳지 않거나, 낳지 않기로 결정하거나, 낳지 못하는 문제에 있어서는 온갖 종류의 수치심이 뒤따른다.) 이런 메시지들이 차츰 우리를 집어삼킨다. 사회가 전달하는 메시지는 처음엔 우리를 문화적으로 길들이고, 이윽고 우리의 내면에 스며들어, 마치 우리 자신이 선택한 믿음인 양 행세한다. 마치 우리가 우리 삶에 매일 한없이 불만족하기로 선택한 것처럼.

목적지에 뭐가 있는지 가늠하지 못한 채로 나는 무작정 나아갔다. 손에 잡히지 않는 무지개의 끝에는 뭐가 있을까? 완벽한 몸, 완벽한 삶, 완벽한 배우자, 완벽한 직업을 지닌 내가 고통도, 불안도, 자기혐오도 없이 살아갈 낙원이 과연 지구상에 있을까? 나는 대체 어디로 달려가고 있는 걸까? 내가 어디서 달아나고 있는지는 알 수 있었다. 하지만 그게 다였다.

달아나는 것. 내가 남들보다 못하다는 비교에서 오는 고통으로부터 달아나는 것. 내가 뒤처졌다는 느낌에서 달아

나는 것. 내 몸에 진득하게 붙어 있는 불만에서 달아나는 것. 그런데… 나는 어디로 달려가고 있었을까? 대체 무슨 보상을 받으려고? 사람들은 목적이 수단을 정당화한다고 말한다. 그러니 아무리 비참하고 고통스럽더라도 성공을 향해 나아가라고, 쟁취하라고. 절대 포기하지 말라고, 고생 끝에 낙이 온다고. 하지만 이는 대체 무엇을 위한 삶인가? 그렇게 해서 우리가 진정으로 얻는 게 뭘까?

목적이 수단을 정당화한다면, 우리가 느끼는 불행과 즐겁지 않은 하루하루를 보내며 낭비한 시간은 대체 어떤 목적으로 정당화되는가? 우리의 안녕과 인간관계와 정신·신체·감정의 건강보다 더 중요한 목적이 대체 무엇인가?

이 질문들에 나는 하나도 답할 수 없었다. 답할 수 없다는 게 핵심일지도 모른다. 답이 없기에 이 질문들이 그토록 감질나게 우리 손아귀를 빠져나가는지도 모른다. 어쩌면 이 막연함과 불만족이 우리에게 박차를 가해 생산성을 높이는 기전인지도 모른다. 어쩌면 그게 사회가 대중을 통제하는 방법인지도 모른다. 아무리 달려도 어디에도 도달하지 못하는 쳇바퀴 속 햄스터처럼, 결코 달성할 수 없는 목표를 주는 것.

지금 내가 느끼는 기분이 싫다는 건 알았다. 불만에 압도되어 있다는 것도 알았다. 하지만 다르게 사는 방법은 없는 듯 보였다. 다들 자기 자신을 싫어하는 것처럼 보였다. 모두 나랑 똑같이 행동하고 있었다. 남에게 사랑받고 인정받고 눈에 띄고 선택받기를 바라며 무언가를 위해 다투고 있었다. 우리 모두 무언가를 찾고 있었다. 답을, 올바른 해법을, 내게 꼭 맞는 사람을, 인생의 짐을 덜어 줄 무언가를.

내가 머리로 찾아낼 수 있는 유일한 해법은, 마냥 노력하는 것이었다. 내면화된 사회적 기준에 비춰 보았을 때 내가 '충분'하지 못해서 내가 불만족을 느끼는 거라면, 논리적인 해법은 어떻게 해서든 나를 '충분'하게 만드는 것이었다. 하지만 물론 충분하다는 것 역시 의미가 흐릿하다. '충분'은 정의하기 불가능한 단어다. 주관적이며, 손에 잡히지 않고, 모호하다. 충분하다는 게 대체 뭔지, 거기 도달했는지 아닌지는 또 어떻게 아는가?

이것이야말로 불만족의 천재적인 지점이다. 현실적으로 반대 개념을 찾을 방법이 없다는 것. 이건 패배할 수밖에 없는 게임이다. 미로에서 벗어나는 길을 찾을 수 없다. 혼란에 빠진 채, 계속 무언가를 좇아 더듬거릴 수밖에 없다. 어떻게든 노력하고 증명할 수밖에 없다. 불만족에는 애초에 해법이 없다. 불만족은 복잡다단하다. 처음부터 계속해서 문제로 남아 있도록 설계된 문제다. 그렇게 불만족은 효과 없는 온갖 해법들에 우리를 중독시킨다. 그리고 우리가 '충분'한지 아닌지를, 다른 사람들의 판단에 맡기게 한다.

우리가 품은 불안감의 핵심은 단순하다. 우리는 다른 사람이 우리를 어떻게 생각할지 걱정한다. 모든 사람이 똑같아야 한다는 생각을 내면화했다. 모두가 똑같은 '바람직한 외모'를 지니고, 똑같은 '이상적 기준'에 부합해야 한다고 믿었다. 그 결과 우리는 나와 내 삶에 대해 어떻게 생각하는지보다, 남들이 나와 내 삶에 대해 어떻게 생각하는지를 더 신경 쓰게 되었다. 그건 우리가 나약해서가 아니라, 불만족이 우리를 그렇게 길들였기 때문이다. 마치 우리의 삶이 남들이 긍정하거나 부정해도 되는 대상인 것처럼 말이다. 불만족은 남에게 부정당할까 봐 걱정하라고, 남에게 인정받기 위해 노력하라고 주입했다.

"남들이 뭐라고 생각하겠어?" 이 질문 하나가 다른 어떤 말보다 우리의 많은 꿈과 행복을 죽였다. 그런데 '남들'이 대체 누구일까? 그리고 그들이 무슨 생각을 하든, 우리와 무슨 상관일까? 우리가 이상에 부합하지 않는다며 호통을 치던 얼굴 없는 사람들, 그들은 누구일까? 우리가 반박 불가능한 절대적 진실이라고 믿는 이 생각을, 한 번이라도 의심해 보지 않은 건 어째서일까?

우리는 필패할 수밖에 없이 설계된 게임에서 승리하려 애쓴다. 피곤한 짓이다. 이상적인 세상을 한번 상상해 보자. 그곳은 아무도 배제되지 않고, 남에게 무시당하지 않고, 자기 자신을 싫어하지 않는 게 자연스러운 유토피아다. 그곳에선 모든 인종과 성별과 신체 유형을 지닌 사람들이 편협한 기준으로 자신을 재단하거나 혐오하지 않고 자유롭게 살아간다.

하지만 우리 세상은 아직 유토피아에 이르지 못했다. 현실이 그만큼 진보하기 전까진, 지금의 세상에서 우리 각자가 잘 살아남을 수밖에 없다. 소박한 희망을 하나 품어본다. 행복해지기 위해 세상이 바뀌길 마냥 기다리지 않는 사람이 많아질수록—그리고 그들이 지금 여기서 느끼게 된 행복을 자신과 남들에게 나눠줄수록—세상이 실제로 바뀔 거라는 희망이다.

우리의 인간성과 즐거움을 앗아가는 가치 체계를 아무도 선택하지 않으면, 어떻게 될까? 그 체계는 결국 무너지지 않을까? 돈이 사람보다 중요하다고 말하는 체계. 내가 남보다 더 나은 것을, 가장 좋은 것을 가져야 한다고 말하는 체계. 모두 남을 밟고 올라가 '최고'가 될 생각만 한다면, 사회가 평등해질 수 있겠는가? 사람들은 세상의 어떤 문제를 발견하면 증상을 알아보고, 원인을 찾아내 고치려고 생각한다. 불평등을 고치자. 세상을 고치자. 이것저것 다 고치자. 하지만 먼저 스스로 근원에 다다르지 못하면, 세상 속 다양한 문제의 근원에도 이르지 못한다. 불평등이 어디서 오는지 이해하지 못하면, 우리가 어디서 인간성을 잃는지 알지 못하면, 고치는 일은 요원할 수밖에 없다.

내 삶에서 행복하고 만족하지 못하는데, 어떻게 행복하고 만족한 세상을 만들 수 있을까? '반드시' 무언가 해야 한다는 말을 믿을 때마다, 사회의 가르침에 귀 기울이느라 마음의 소리를 무시할 때마다, 우리는 조금씩 세상의 방식에 순응한다. 사회에서 배운 것들을 잊고, 그만두고, 반대로 행동하는 건 절대 쉬운 일이 아니다. 하지만 시도조차 해보지 않으면, 변화가 일어날 수 있을까? 나는 사회의 패러다임에 순응한 채로 여러 해를 살았다. 그리고 배운 것을 잊고 패러다임 바깥에서 살아내는 데 성공했다. 그 과정에서 깨달은 사실이 있다. 우리는 불만족할 필요가 없다.

많은 사람이 자기 자신이나 자신의 삶을 아주 좋아하는 사람은 없으리라 생각한다. 불만족은 해법이 없는 문제라고 생각한다. 그건 해법을 자기 내부가 아닌 외부에서 찾으려 했기 때문이다. 재산을 모으고, 목표를 달성하고, 하라는 걸 모두 했는데도 여전히 불만족스럽다고? 그건 우리에

　　　　　　　　Chapter 01 불만족이 나를 성장시킨다

게 만족을 줄 수 있는 존재가 외부의 누군가가 아닌, 오로지 우리 자신이기 때문이다.

내가 알아낸 만족으로 향하는 유일한 길은, 급진적이고 압도적인 '잊기'다. 우리를 아프게 한 문화는 우리를 치유하지 못한다. 우리에게 남은 유일한 논리적 해결법은 우리를 아프게 하는 문화에서 벗어나기로 선택하는 것이다.

이는 사회 자본과 사회적 특권을 포기하고, 대신 더 진정한 삶, 더 자유로운 삶을 택한다는 의미다. 외부의 인정을 아무리 그러모아도, 그것이 우리를 행복하게 만들어주지 않는다. 남이 짜놓은 판에서 남의 규칙에 따르며 산다면 만족에 이를 수 없다. 우리는 쉼 없이 '최선을 다해' 살 필요가 없다. 더 '대단해 보이는' 삶을 추구할 필요가 없다. 남보다 나은 삶을 열망할 필요도 없다. 숨 돌릴 틈 없이 노력하지 않아도 된다. 자신에게 가치가 없는 성과를 추구하느라 인생을 허비하지 않아도 된다.

내가 추구하는 삶은, 가장 자유로운 삶이다. 가장 나답게 사는 삶. 참지 않는 삶. 나는 치유되고 싶다. 나는 근본적으로 만족하고 근본적으로 행복해지고 싶다. 내 가치가 세상에 의해 정해지길 원하지 않는다. 내 가치는 내 영혼으로부터 끌어낸 것이길 바란다. 나는 남들이 우러러볼 만한 최고의 삶을 살기 위해 노력하지 않는다. 질투와 이득을 맞바꾸는 게 삶의 목표는 아니다.

나는 자유롭고 싶다. 당신 역시 자유로웠으면 좋겠다. 가장 자신답게 살면서 자유롭기를 바란다.

마음에 드는 수영복을 입고 자유롭게 다이빙하고, 팔뚝에 살이 쪘더라도 입고 싶은 민소매 원피스를 입고, 아무렇게나 마음 바쳐 사랑하고, 내면을 비추는 예술을 창조하고, 그저 마냥 당신답게 온 생을 건설하고 살아가면서. 이런 삶을 살면 남과 비교할 여유 따위는 없다.

당신에겐 삶을 사랑할 자격이 있다. 누가 당신을 긍정하든 부정하든 아무 상관없을 만큼. 당신에겐 진정한 행복과 즐거움을 주는 존재를 찾을 자격이 있다. 자유를 만끽하고, 치유되고, 온전함을 느낄 자격이 있다. 마음이 느끼는 대로 느낄 자격이 있다. 두려움에 머뭇거리지 않을 자격이 있다. 용감해질 자격이 있다. 근본적으로 만족하고 행복하다고 느껴서, 남들이 당신을 어떻게 생각하든 아무 상관하지 않을 자격이 있다. 남들이 되라고 한 사람을 잊고, 정확히 자기 자신이 될 자격이 있다.

스스로 삶의 지도를 그려라. 길들지 마라. 온전한 자유를 누려라. 당신답게.

Chapter 02

더 많을수록 더 좋다

우리는 성공에 관한 몇 가지 신조를 아무런 의심 없이 진실로 받아들인다. 그중 가장 널리 퍼진 건 "더 많은 게 언제나 더 좋다"라는 믿음이다. 더 많은 성공이 더 좋다. 더 많은 돈이 더 좋다. 더 많은 직원이 더 좋다. 더 많은 게 더 많으면, 분명히 좋을 것이다…. 잠깐, 정말 그럴까? 더 많은 게 무조건 더 좋을까? 세상은 끊임없이 '더 많은 것'을 요구한다. 삶의 어떤 영역들을 포기하며 얻어내지 않고는 피라미드 꼭대기에 오를 수 없다는 식으로. 그런데, 꼭대기에 오르면 당신에겐 무엇이 주어지는가? 당신이 다른 사람보다 높이 있다는 사실? 원하는 게 생기면 바로 구매해서 물질적 욕망을 채울 수 있는 재력? 여기에 어떤 가치가 있을까?

우리는 우리가 품은 이상을 좀처럼 의심하지 않는다. 그게 절대적 진실인 것처럼 받아들인다. 그 절대적 이상에 미치지 못하는 우리 모습에 속상해하며, 이상에 다다르기 위해 온갖 애를 쓴다. 그런데 알고 보면, 그 이상이란 것도 늘 변하기 일쑤다.

30살이 된 해에 나는 기대했던 목적지에 도착하지 못했음을 깨달았다. 무려 이 나이를 먹도록 전업 작가가 되지 못하다니, 믿을 수 없었다. 책을 한 권도 출간하지 못했다. 실패자가 된 기분이었다. 내게서 '잠재력'을 봤던 사람들은 이제 나를 실패자로 취급할 것 같았다.

결국 나는 대중성 짙은 온라인 출판 회사에 작가로 취업하기로 했다. 연봉을 크게 낮추고, 나보다 10살이나 어린 사람들과 일한다는 조건이었다. 그래도 나는 취업을 선택했다. 그러면 적어도 사람들에게 내 직업을 '전업 작가'라고 소개할 수 있으니까. 소셜 미디어 자기소개에 '작가'라고 적을 수 있으니까. 작가라는 직함은 제법 그럴싸해 보인다. 사람들은 나를 그럴듯한 사람으로 봐주었다.

2015년 12월, 회사 웹사이트에 올라간 내 글 〈요즘 사람들이 데이트하는 법〉이 말 그대로 '터졌'다. 온라인에서 널리 퍼져나가 수백만이 넘는 조회 수를 기록했다. 2014년 4월에 채용된 이래 내가 쭉 고대하던 순간이 마침내 찾아온 것이다. 바야흐로 나는 꿈꾸던 직업을 갖게 되었다. 글을 쓰고 돈을 받는다니! 하지만 그 순간 내가 느꼈던 건, 불안뿐이었다. 내가 일을 즐기지 못해서 불안했고, 그게 어떤 의미인지 이해할 수 없어서 불안했다. 내가 쓴 에세이를 수백만 명이 읽었다. 내가 여러 해 동안 꿈꾸었던 게 현실이 되었다. 작가로서 이룰 수 있는 성취의 정점에 올랐다. 그런데 그때, 내 환상이 산산조각 났다.

꿈꿔온 성취를 해내고 난 뒤, 자신감이 갑자기 폭발하거나 자기 회의가 감쪽같이 사라지는 일은 생기지 않았다. 오히려 나에 대한 의심만 몇 배로 불어났다. 잠이 오지 않았다. 내 글이 다른 작가의 글에 밀리지 않았는지 확인하려고 몇 초마다 강박적으로 글의 순위를 확인했다. 앞으로 이만큼 반응 좋은 글을 쓰지 못할까 봐 두려웠다. 모든 희망과 열망을 바쳐 작가가 되기를 꿈꾸었던 20대를 돌아보았다. 그때 나는 내 인생의 모든 문제가 아직 작가가 되지 못한 데서 비롯되었다고 생각했다. 도대체 언제쯤 행복하다고 느낄 수 있을지 궁금했다. 언제쯤 노력에 대해 보답받을 수 있을까? 내가 마침내 행복해질, 약속의 그날이 언제쯤 와줄까? 마침내 나는 '대히트 에세이'를 써서 목표한 지점에 도착했다. 화려한 성취였다. 고등학생 시절 나한테 눈길 한 번 주지 않던 동창들이 내 글을 읽었다며 페이스북 메시지로 말을 걸었다.

내가 정말 오랫동안 기다리던 순간이었다. 평생 그 순간만 고대했다. 모든 즐거움을 희생해서, 결국 이뤄냈다. 아직도 그 순간에 다다르지 못한 나에게 몇 년 동안 벌을 줘 가면서. 그런데 내가 꿈꿔온 그 순간에 도착했을 때, 눈을 씻고 찾아도 내가 기대했던 건 없었다. 참담했다. 내 세상이 온통 불타는 기분이었다. '이걸 해내고도 행복하지 않다면, 대체 어떻게 해야 행복해지지?' 앞으로 벌어질 많은 일이 주마등처럼 눈앞을 스쳐 지나갔다. 모두에게 보란 듯 내 능력을 증명한 순간은 순식간에 지나가고, 그 뒤에 남은 건 수백만 명이 욕하면서 읽을 짧은 기사를 쥐어짜서 써내는 일뿐이었다. 악성 댓글이 달리겠지. 하지만 그렇게라도 내 글이 읽혀서 쥐꼬리만 한 월급이나마 벌 수 있길 기대해야겠지…. 더 많이 이루었다고 해서 더 나아지는 건 없었다.

하지만 사람들은 여전히 나를 '꿈의 직업을 가진 사람'으로 우러러보았다. 그래서 나는 생각했다. '실제로 내가 온 종일 무슨 일을 하든, 무슨 상관이야? 나는 전업 작가인걸!' 나는 그렇게 착각에 빠져 있었다. "나는 전업 작가예요"라고 말할 수 있는 게, 실제로 작가라는 직업을 즐기는 것보다 더 중요하다고. 스트레스와 좌절과 실망으로 얼룩진 한 해를 보내고 나는 일을 그만뒀다. 퇴사는 어려웠다. 외롭고 불쌍하고 상처받은 내 안의 자아가 계속 질문을 던졌기 때문이었다. "이 일마저 없으면 이제 어떻게 할래? 곧 31살이잖아." 그래서 나는 꾸준히 글을 올리며 키우고 있던 페이스북 페이지에 모든 노력을 쏟아부었다. 구독자와 '좋아요' 수가 나라는 사람의 존재 가치를 결정하는 것처럼, 초조하게 숫자를 확인하고 또 확인했다.

그러던 어느 날, 나는 한 출판 에이전트로부터 이메일을 받았다. 책을 내보지 않겠느냐는 제안이었다. 그 제안은 끝없이 펼쳐진 사막을 걷던 내게 건네진 물 한 잔과 같았다. 그때는 몰랐지만, 나는 그만큼 인정에 목말라 있었다. 당시엔 내 마음속이 복잡한 상태라는 것조차 알지 못하고 그저 끝내주는 기회가 왔다고만 생각했다. 그러나 단순히 좋은 기회라 생각했던 그 제안은, 내게 '진정한 성공의 의미'에 관해 매우 중요한 교훈을 준 기회였다.

나는 계약서에 서명했다. 에이전트의 말을 전부 따르기로 했다. 그가 말하는 책의 구상이 마음에 쏙 들진 않았지만 상관없었다. 나는 이제 출판 에이전트가 있는 사람이었다! 소셜 미디어에 자랑할 얘깃거리가 생겼다. 이제 내가 전업 작가 일을 그만뒀다고 해서 실패자라고 생각하는 사람은 없겠지. 어떤 책을 쓸지 계획이 있었느냐고? 책 한 권을 쓸 수 있는 감정적 상태였냐고? 그것도 상관없었다. 사람들에게 "출판 에이전트와 계약했다"라고 자랑할 수만 있으면. 그 문구의 후광이야말로 분명히 행복 그 자체가 될 것이었다.

그게 내가 살면서 귀에 못 박히도록 들어 온 메시지였다. 쟁취하고, 자랑하면, 행복해진다는 것. 내가 철석같이 믿었던 행복의 공식이었다. 그런데 이상하게도 행복은 나를 찾아오지 않았다. 나는 여전히 모든 것이 불안했고, 남들보다 한참 뒤처진 기분이었고, 스트레스에 짓눌렸다. 나 자신을 증명하느라 계속 버둥대야 했다. 망할 놈의 행복은 아무리 기다려도 나를 찾아오지 않았다. '행복해져도 된다는 허락을 받으려면, 대체 얼마나 더 기다려야 하지?'

나는 제안받은 책을 써보려고 꼬박 1년을 노력했다. 아이디어를 수없이 내다 버렸고, 길을 잃은 기분에 빠져들었다. 눈뜰 때부터 잠들 때까지 1초도 빠짐없이 스트레스를 받았다. 책을 내기만 하면 금전적 문제는 해결되리라 생각하며 빚을 늘렸다. '책을 내기만 하면 내 삶을 잘 돌볼 거야. 선급금이 꽤 클 테니 그걸로 다 갚을 수 있을 거야. 지금 내겐 이 물건이 필요해. 가져야만 해. 책을 내지 못한 나는, 어떤 사람일까? …아무것도 아닌 사람이지, 뭐. 그게 나야.'

그렇게 혼란스러운 생각에 사로잡혀 1년을 보냈다. 하루가 지날수록 불안과 압박은 더 심해졌다. 기대는 어느덧 내 목을 조르는 손아귀처럼 느껴졌다. 어떻게든 써야 했다. 해내야 했다. 이걸 해내지 못하면 행복해질 수 없다고 생각했다. 그땐 정말로 그렇게 믿었고, 그게 당연하다 여겼다. 해내지 못하면 안 된다는 집념이 괴로워서 나는 매일 밤잠을 이루지 못했고 새벽 3시에 불현듯 깨어 불안한 걱정으로 빠져들었다. 그러던 어느 날, 나는 깨달았다. 이런 식으로 더는 버틸 수 없었다.

떨리는 손으로 에이전트와의 계약을 취소했다. 그가 뭘 잘못했다거나, 내게 도움이 되지 않았던 건 아니다. 단지 내가 준비되지 않았던 거다. 헝클어진 생각을 정리하려 애쓰며 1년을 보내는 동안, 나라는 사람의 핵심을 잃은 기분이었다. 나는 할 이야기가 있어서 글을 쓰는 게 아니라, 책을 내려고 글을 쓰고 있었다. 남들에게 책을 낸 작가라고 으스

대고 싶어서 글을 쓰고 있었다. 뭔가를 증명하기 위해, 내게 필요한 인정을 얻어내기 위해 글을 쓰고 있었다. 그러느라 심한 괴로움에 시달렸다. 결혼 생활이 망가지고 있었다. 건강도 마찬가지였다. 빚은 점점 쌓여만 갔다. 그때 나는 어쩌면 환각에 빠져 있었는지도 모른다. 이 기회를 놓치면 내가 전적으로 가치 없는 인간이 될 거라고, 인생에서 어디에도 도달하지 못할 거라고 굳게 믿었다. '사람들에겐 뭐라고 말할까?' 이게 에이전트와의 계약을 취소할 때 내 머릿속에 제일 먼저 든 생각이었다. 그 결정은 오로지 내게만 의미가 있는 것이었는데도.

사람들에겐 뭐라고 말할까?

나 자신에게 울리는 경보처럼, 그 문장이 머릿속을 맴돌았다. 나는 남들의 인정을 수집하고 있었다. 인정을 충분히 모으면 내가 충분히 괜찮은 사람임을 증명할 수 있다고 믿었다. 나는 미래에 거둘 성공의 가능성에 중독된 나머지, 현실에서 일어나는 어떤 일에도 순수하게 기뻐하지 못했다.

에이전트와의 계약을 취소한 사건이 촉매가 되어, 2017년에 나는 삶의 궤도를 완전히 바꾸었다. 그해에 나는 모든 걸 그만뒀다. 살갗 아래에서 근질거리며 이루어지기만 기다리는 야망들을. 밤에 머릿속을 맴돌며 잠을 쫓아버리는 목표들을. 행복하기 위해 필요하다고 믿은 모든 성취를. 그 대신 나는 지금 여기서 행복해지겠다고 의식적으로 선택했다. 내 행복을 가로막는 것은 무엇이든 내려놓겠다고 결심했다. 내 인생에 행복을 증폭시키는 것만을 더하겠다고 결심했다. 더 많은 게 항상, 언제나 낫다는 오래된 믿음을 내다 버렸다.

2018년 한 해는 헝클어진 생각에서 벗어나, 삶을 제대로 사는 일에 정확히 초점을 맞춘 채 보냈다. 그해에 나는 고객의 일을 디자인하고 브랜딩하는 업무를 맡았다. 드디어 빚에서 벗어났고, 건실하게 저축했다. 글은 한 글자도 쓰지 않았다. 야망 따위가 내 삶에 스며들게 놔두지 않았다. 그리고 나는 남편과 상의 끝에 우리가 처음 만난 프랑스로 가서 1년을 살기로 했다. 인생에 잡음처럼 깔려 있던 일상적 스트레스와 강박적 노력이 사라지자, 그것이야말로 가장 당연하고도 설레는 결정으로 느껴졌다. **다른 사람에게 대단하게 보일 필요가 없어지면, '진짜' 내가 고개를 빼꼼 내밀기 시작한다.** 프랑스에 가는 건 그때 내가 다른 무엇보다도 진실하게 원했던 것이었다. 그렇게 프랑스에서 산 1년은, 나를 뼛속까지 바꾸어 놓았다.

남편 후셈과 프랑스행을 결정하고 장기 체류 비자를 받는 동안 나는 기묘하고도 압도적인 불안에 시달렸다. 프랑스 체류는 내가 살고자 마음먹었던 30대의 서사에 들어맞지 않는 결정이었다. 후셈과 내가 30대 부부가 되었을 즈음에는 이미 정착하고, 괜찮은 집을 사고, 개를 키우고, 어쩌면 아이를 낳을 줄 알았다. 그렇게 안정적으로 수십 년을 살아갈 줄 알았다. 다른 사람들도 모두 그렇게 하니까, 우리도 그래야 할 줄 알았다.

나는 32살이었고 우리가 교류하는 사람들 대부분이 이미 아이가 있거나 곧 낳으려고 준비 중이었다. 반면 나는 온 생애를 상자에 차곡차곡 담아 외국으로 떠나려 준비 중이었다. 그러는 이유는… 단지 그러고 싶어서였다. 이 사실에 나는 얼마나 스트레스를 받았던지, 후셈을 설득해서 가지 말자고 할 뻔했다. 가상의 경계 바깥으로 밀려난 느낌이었다. '잘못된' 일을 저지르는 기분이었다. 원래의 나는 반항기가 있는 편이지만, 30대에 접어들자 평생 사회에서 얻은 가르침들이 더 시끄러운 목소리를 냈다. '안정적인 어른'으로 살기 위해 해야 할 일들을 완수해야 한다는 강박이 나를 압도했다.

후셈의 강력한 의지로 인해 우리는 결국 프랑스로 향했다. 나는 언제든 돌아올 수 있다고 나에게 말했다. 불안은 최고조로 치솟았다. 다시 빚을 지게 될까 두려웠다. 선 안에, 안전지대 안에 머무르고 싶었다. 고통스러웠던 긴 비행 끝에 파리에 도착한 우리는 에어비앤비로 향했다. 업체가 제공한 사진과는 딴판인 공간에서 불편하게 쪽잠을 잔 우리는, 다음날 바로 대행사를 통해 머물 숙소를 찾았다. 시차 적응에 실패하자 감정을 조절하는 일도 어려웠다. 그 며칠을 나는 물에 젖지 않은 성냥개비 같은 아슬아슬한 상태로 지냈다. 감정이 수면 위로 바로바로 치솟았다.

우리가 머물기로 한 아파트는 월요일에나 입주할 수 있다고 해서, 일단 몽마르트르의 호텔 방으로 짐을 옮겼다. 프랑스인들은 서두르지 않는다. 주말엔 꼭 필요한 경우가 아니면 일하지 않는다. 그렇게 오갈 데 없는 신세가 된 우리는 자그마한 호텔 방의 비좁은 침대 위로 쓰러지듯 누웠다. 땀이 흘렀다. 피곤해서 넋이 나갈 것 같았다. 그런데, 그때 뭔가 내 안에서 풀려났다.

살아 있다고 느꼈다. 진짜로, 우습게도, 나는 살아 있다고 느꼈다.

상자 안에 갇혀 있다가 밖으로 성큼 걸어 나온 기분이었다. 밖은 나를 기다리고 있었다. 탁 트인 밖에서는 남들과 똑같이 살지 않아도 괜찮았다. 나는 계약한 책을 쓰지 못했다. '전업 작가'도 물론 아니었다. 이 나이쯤에 도착해 있으리라 여겼던 모습에서 나는 꽤 먼 거리에 있었다. 그게 무슨 상관인가? 나는 지금 파리에 있는데! 마치 아무도 모르는 비밀 세계로 가는 문을 찾아낸 기분이었다. 내가 꿈꿨던 방식으로 대단한 삶을 살지는 못했지만, 어쨌든 지금까지 해 온 일 덕분에 나는 장소와 무관하게 일을 하고, 돈을 벌고, 원하는 만큼 오랫동안 파리에 살 수 있었다. 이런 삶을 살 수 있다는 게 엄청난 특권이라는 걸 지금까지 왜 몰랐을까?

파리에서 4개월, 코트다쥐르의 칸느에서 8개월을 살고 나니, '성공'이라는 개념 자체가 바뀌었다. 나는 특정 나이에는 받아야 한다고 생각했던 포상을 얻지 못했지만, 상관 없었다. 세상 근심 없이 센 강변을 걷고 있었으니까. 나는 글을 쓰지 못하고 있었지만, 상관없었다. 수정처럼 맑고 따뜻한 지중해에 몸을 맡기고 둥둥 떠다니고 있었으니까. 마치 다시 태어난 기분이었다.

사람들이 습관적으로 명명하는 성공 기준, 그 바깥에서 살아가는 삶. 그 삶은 나를 고갈시키기는커녕 충만하게 채워주었다. 노력에 매달리는 삶은 나를 스트레스와 불안, 약물치료로 이끌었다. 나는 살면서 단 한 번도 충분하다고 느끼지 못했다. 그런데 기대를 버리자, 나는 어느덧 새로운 곳에 와 있었다. 코트다쥐르로 이끌려 온 것, 그게 바로 내가 원한 삶이었다.

　우리는 성공의 이미지에 쉽게 중독된다. 진급하지 못하면, 남들 눈에 인생을 포기한 것처럼 보일까? 저 사람만큼 잘하지 못하면, 남들 눈에 잘 살지 못하는 것처럼 보일까? 계속 무언가를 축적해 나가지 않으면, 남들 눈에 성공하지 못한 것처럼 보일까? 깨닫지 못하는 사이 우리는 외적 보상에 따라 움직인다. 우리는 외적 보상에 신경 쓰도록 학습되었다. 남들이 우리의 삶을 어떻게 보는지, 우리가 남들에게 어떤 인상을 주는지, 아주 편협한 정의를 기준으로 우리가 얼마나 '잘' 살고 있는지에 연연한다.

　놀랍게도 후셈과 내가 프랑스에서 사는 데에는 평소보다 돈이 덜 들었다. 로스앤젤레스보다 코트다쥐르에서 지내는 생활비가 더 저렴했다. 비행기에 오르는 걸 망설이게 만들었던 의무와 책임감, 대출, 모든 부담에 발목을 붙들리지 않은 나 자신에게 깊이 감사했다. 나아가, 내가 원한다고 생각했던 대로 인생이 풀리지 않은 것에도 감사할 수 있었다. 그 덕분에 그보다 더 나은 것을 발견하게 되었으니까. 침실 두 개짜리 아파트에서 유연한 생활을 꾸리는 것. 내게 주어진 더 나은 삶은, 단순했다. 너무 단순한 나머지 무언가 위험하고 잘못된 것처럼 느껴질 정도였다.

욕심과 책임의 무게로 나 자신을 짓누르는 일이, 어쩌다 우리에게 정상이 되었을까? 남들이 보는 성공에 연연하면 실제로 우리가 원하는 것을 얻고 지켜내기 위한 선택은 제한받는다. 그런데 어째서 우리는 성공했다는 이미지를 그토록 갈구해 온 것일까?

사실 우리 대부분이 정말로 원하는 건 '더 많은 것'이 아니다. 우리가 원하는 건 더 많은 것을 누리는 삶에서 보이는 자유다. 우리가 원하는 건 단지 자유로운 느낌일 뿐, 실제로 많은 걸 누리기 위한 실행 계획이 아니다. 주택 여러 채를 소유하고 직원 수백 명에게 월급을 주고 명성을 유지하며 직원을 관리하고…. 그만큼 복잡한 삶의 계획을 다루는 것에는 큰 책임이 따른다. 어쩌면 우리가 갈망하는 것은 사회가 말하는 보편적 의미의 성공이 아니라, 그 위치까지 올라갔을 때 느낄 수 있다고들 말하는 몇 가지일지도 모른다. 그 자리에서 새롭게 거듭날 나의 모습, 그 자리에서 누리게 될 기회 같은 것들.

남들 눈에 그럴듯해 보이는 성과와 포상은 매력적이며 그 때문에 세간의 관심을 받는다. 불행한 일이다. 대단하고 화려한 것들은 사실 조작하기에 너무 쉽다. 소셜 미디어 팔로워는 돈을 주고 살 수 있다. 언론 기사 대다수는 돈을 준

업체에 적합한 내용으로 쓰이고, 그들이 원하는 형식으로 보도된다. 자본 투자는 대단하고 멋있어 보이지만, 일군 것을 스스로 통제하기 어려워질 때도 있다. 완벽해 보이는 삶이 알고 보면 빚잔치일 수도 있다. 우리는 완벽 그 자체인 훌륭한 집들을 인스타그램에서 자주 본다. 하지만 감당 못할 대출 이자를 19개월째 내는 집주인에게도 그 집이 훌륭하게 느껴질까?

우리가 원하는 것 중 몇 가지는, 사실 우리 인생에 별 상관도 없는 사람들에게 자랑하기 위한 것일 때가 많다. 이 사실을 인정하려면 상당한 자기 탐구와 솔직함이 필요하다. 사람들은 보통 남에게 별 관심이 없고 자기 삶을 사느라 바쁘다. 그러니 다른 사람들에게 대단해 보이려고 애쓰면 일시적인 보상은 받을 수 있을지 몰라도, 궁극적으로는 공허함을 느끼게 된다. 내가 하는 행동이 나를 위한 게 아니라면, 왜 해야 하는가?

우리 사회에서는 남에게 호감을 받는 것에 일정 가치가 있다고 정해두었다. 하지만 당신의 삶이 남에게 어떻게 보이는지엔 사실 큰 의미가 없다. 진짜로 의미 있는 건, 당신이 어떻게 느끼느냐다. 당신이 당신의 삶을 어떻게 느끼는가다. 삶의 성공은 당신이 매일 얼마나 행복하고, 즐겁고,

자유로운지에 달렸다. 당신의 삶이 얼마나 진정하게 느껴지고 얼마나 보람찬지에 달렸다. 어차피 당신의 삶을 사는 사람은 당신이다. 당신 삶의 유일한 주인은 당신이다. 남들에게 그럴듯하게 보이기 위해 선택하는 것들이 실제로 당신이 원하는 삶의 느낌을 주는 경우는 드물다.

만일 당신이 가장 행복해지는 삶이 사회의 기준에선 별 볼 일 없다면 어쩔 것인가? 그래도 그 삶을 살아갈 것인가? 혹은 여전히 사회적 인정이라는 보상이 더 탐나는가? 사실 당신은 승진 사다리에 오르고 싶지 않을 수도 있다. 백만장자가 되고 싶지 않을 수도 있다. 오로지 일하기 위해 살고 싶지는 않을 것이다. 이 체계에서 아예 벗어나고 싶은 걸지도 모른다. 당신의 몸 안에 항상 팽팽한 긴장감이 맴도는가? 사람들이 뭐라고 생각할지 걱정되는가? 정상이다. 우리는 남들을 신경 쓰도록 길러져 왔다. 그렇지만 그건 함정이다.

당신은 망가지지 않았다. 당신은 당신 자신을 고칠 필요가 없다. 당신은 끊임없는 자기계발의 대상이 아니다.

성장하는 것, 좋다. 배우는 것, 물론 필요하다. 나아가는 것, 당연하다. 하지만 그것들의 밑바탕은 행복이어야 한다. 그러니 먼저 당신의 기분부터 솔직하게 느껴봐야 한다. 사회적 관습은 우리를 위한 게 아니다. 편협한 정의는 우리를 위한 게 아니다.

당신은 사회가 정한 틀에 갇히기엔 너무 큰 사람이다. 갇히지 마라. 제한받지 마라. 더 넓고 크게 살아라. **당신 삶의 모든 공간은 오로지 당신만을 위한 것이다.**

Chapter 03

목표를 이루면 행복해질 것이다

인생의 진정한 과업은 지금 행복해지는 법을 배우는 것이다. 모든 게 완벽하게 들어맞을 때를 기다리는 게 아니라, 바로 지금 행복해지는 것. 살아 있기에 엉망진창인 삶 속에서, 바로 지금 행복해지는 것.

당신이 하는 모든 일이 완벽히 들어맞지 않더라도, 당신은 여전히 당신이다. 분명 언젠가는 고대하던 순간이 찾아온다. 체크리스트의 빈칸이 마침내 전부 채워지는 순간. 그 순간에 사람들은 당장 행복이 밀물처럼 밀려오리라 기대한다. 그러나 행복을 맞이할 내면을 닦아놓지 않았을 경우, 기대한 행복은 찾아오지 않는다. 그러면 사람들은 새로운 이정표를 세운다. 좋아, 그럼 이만큼 더 노력하면 분명 행복해지겠지. 더 큰 집을 사면, 더 비싼 옷을 입으면, 더 좋은 차를 타면 행복해지겠지.

하지만 마냥 모으고 쌓아 올린다고 해서 행복해지는 건 아니다. 행복은 충분히 성취하고, 충분히 소유하고, 충분히 누린 사람에게 보상으로 주어지는 게 아니다. 불평등이 극심한 이 세상에서, 행복조차 돈이 결정한다면 이는 너무 부당하다. 누구나 한 번쯤 꿈꾸는 대단한 직업과 으리으리한 저택을 지닌 사람들만 행복을 누릴 수 있다면, 그럴 기회가 주어지지 않은 사람들은 어떻게 할까? 그들에겐 행복해질 자격이 없을까?

행복이 소유에 달려 있다고 믿는 건 특권층의 착각이다. 그러나 너무 많은 사람이 어떤 성취를 해내면, 어떤 이정표에 다다르면, 커리어의 정점을 찍으면, 이렇게 하고 저렇게 하면 나중에 언젠가는 행복해질 거라고 확신한다. 그렇게 우리는 눈앞에서 발견되기만을 기다리고 있는 인생 최고의 기회를 놓친다. 지금 이곳에서, 지금 당장, 지금 상태 그대로 행복을 찾을 기회를.

행복은 미래에 있지 않다. 행복은 조건에 있지 않다. 당신이 가진 행복 방정식에서 '언젠가'와 '하면'을 빼봐라. 그러면 어떤 꿈을 지키고 어떤 꿈을 버릴지, 다음으로 가질 꿈은 무엇인지 명확해질 것이다.

'언젠가'라는 단어는 우리의 잠재력을 틀어막는다.

어린 시절 나는 공상에 빠지는 걸 좋아했다. 지루할 때나 잠들기 직전에 나만의 새로운 현실을 상상하곤 했다. 처음엔 나쁘지 않았다. 하지만 10대가 되고 20대가 되자 공상하는 버릇은 차츰 현실에서 도망칠 수단이 되었다. 나는 자꾸만 지금 여기의 나 자신을 떠나, 점점 더 멀게만 느껴지는 새로운 삶에 대한 상상에 빠져들었다. 그렇게 공상은 '이것만 하면 행복해질 거야'라는 사고방식으로 나를 현실에서 도피하게 했다. '살을 빼면 행복해질 거야. 이 남자가 날 좋아해주면 행복해질 거야. 뭔가 이뤄내면 행복해질 거야.'

한때 무해한 존재였던 내 상상의 나래는, 언제부턴가 나를 적극적으로 망가뜨리고 있었다. 완벽해진 내 인생을 꿈꾸는 일은 정말 재미있었다. 잠을 청할 때면 습관처럼 공상에 빠져들었다. 공상 속에서 내 삶은 엉망이 아니었고, 어렵지 않았고, 불안하지 않았다. 공상 속 내 삶은 완벽했다. 내가 머릿속에서 살고 있던 가상의 삶에 비하면, 현실의 삶은

　　　　Chapter 03　목표를 이루면 행복해질 것이다

흐리멍덩했다. 현실의 나는 꿈꾸는 모든 것을 손에 넣기 전까지는 결코 행복해질 수 없다고 생각했다. 그게 나를 움직이는 동기라고 생각했다. 내가 행복하지 못한 것은, 아직 그곳에 이르지 못해서 받는 벌이었다. 그렇게 나는 상상으로 도피하느라, 불완전하며 아름다운 나의 실제 삶을 놓치고 있었다.

그러던 어느 날, '지금 여기'에서 행복을 찾겠다고 결정한 나는 삶의 방식을 바꾸기로 마음먹었다. 그러려면 공상도 그만둬야 했다. 나는 상상을 멈추기로 결심했다. 내가 그린 완벽한 삶의 모습을 지우는 일은 마치 나의 일부를 죽이는 것 같았다. 성취가 그 자체로 나쁜 건 아니다. 성취는 훌륭하다. 하지만 마음이 건강한 사람이 자기 깜냥만큼 이룬 성취와, 마음이 아픈 사람이 자기 가치를 증명하겠다는 일념 하에 아등바등 이룬 성취는 전혀 다르다. 자신을 증명해야 한다는 생각은 모든 걸 너무 복잡하게 만든다.

머릿속의 완벽한 삶을 버리기로 한 그때, 내 앞에 무엇이 기다리고 있는지는 아직 알 수 없었다. 이런 생각이 들었던 게 기억난다. '이것만 하면 행복해질 거라는 생각을 버리면, 내게 남는 게 뭐지…? 바로 지금 아니야? 나는 지금이 싫은데! 지금은 하나도 괜찮지 않잖아! 내가 가고 싶은 위치까지 올라가지 못했고, 날씬하지도 않고, 성취도 부족하고, 결혼 생활도 노력이 필요하고, 유명한 작가도 되지 못했잖아. 나는 아무것도 아니야.'

그렇다. 나는 내가 아무것도 아니라고 느꼈다. 그리고 그 느낌이 사실이라고 생각했다. 나는 아무것도 가지지 못한 사람이었다. 물론 그 느낌은 사실이 아니었다. 하지만 무언가를 이룬 미래의 행복한 '나'를 상상하며 자꾸 도피하다 보면, 지금의 진짜 내 삶은 너무 보잘것없어 보였다.

머릿속에서의 삶은 완벽할 수 있다. 우리가 머릿속에서 자유롭게 그려 보는 삶엔 걸림돌도, 두려움도, 불안도, 다툼도, 위협도 없다.

미래의 어느 완벽한 순간에 찾아올 행복을 떠올리지 않으려 애썼다. 그러자 내가 지녔던 몇 개의 꿈은 금세 사라졌다. 그것들은 진짜 꿈이 아니었다. 진정한 만족에 이르려면, 단순히 성취만으로는 불가능했다. 오히려 현실에 더 굳건히 뿌리내려야 했다. 만족을 찾아야 할 곳은 내가 서 있는 바로 이 자리였다. 나는 근본적으로 현재를 살아가야 했다. 근본적으로 만족하고, 근본적으로 솔직해야 했다. 다른 방법은 없었다.

성취, 업적, 이정표… 나는 그것들을 원래 있어야 할 제자리로 돌려보냈다. 이미 아름답게 흘러가고 있는 삶의 부속물로 취급하기 시작했다. 행복은 미래에 있는 게 아니었다. 조건에 있는 게 아니었다. 단지 지금 존재할 뿐이었다. 행복에 대한 관념을 바꾸는 이 여정에서, 나는 내가 원했던 '행복'이란 게 실은 행복이 아니라 다른 감정이었음을 깨달았다.

내가 원했던 건, 치유였다. 온전함이었다. 내면의 평화였다. 감정의 조화였다.

내가 현실에서 도피해 공상에 빠진 건, 실은 마음이 치유된 나 자신을 그리고 싶어서였다. 삶이 열외로 밀려났다고 느끼면서, 남들이 인생을 즐기는 걸 바라만 보면서, 내면으로 침잠한 시간이 얼마일까. 내가 자격 없고 가치 없는 사람이라 믿으며 흘려보낸 순간이 얼마일까. 내가 누구인지, 어디에 속하는지, 무엇을 경험할 수 있는지 정하는 건 나 자신이 아닌 세상이라고 믿어왔다. 그렇게 내가 '세상이 보기에 더 나은 사람'이 될 때까지 내 즐거움을 미룬 적은 몇 번일까.

'이것만 하면 행복해질 거야'라는 생각을 버리니, 나 자신을 치유하고 나를 보는 관점을 바꾸는 작업에 들어갈 수 있었다. 현재의 나 자신에게 감사할 수 있었다. 그때부터 나는 한순간도 그냥 스쳐 보내지 말자고 다짐했다. 내 삶의 단

역이 되지 않기로 했다.

그 결과로 내가 진짜 행복해졌냐고? 우울한 날이 단 하루도 없었냐고? 그건 아니다. 힘든 날도 있었고, 기분이 제멋대로 날뛰는 일도 여전히 있었다. 다만 충분히 치유된 뒤로, 나는 예고 없이 들이닥치는 어떤 상황에도 잘 대처할 수 있다는 자신이 생겼다. 과거에는 감정 때문에 알게 될 것들이 두려워 떠오르는 감정을 애써 부정하고 억누르곤 했다. 치유된 나는 이제는 감정의 소리에 귀를 기울인다.

평생 내가 갈망하는 게 행복이라고 착각했다. 내가 그 무엇보다도 원한 건 치유였다. 치유된 나는 내 삶의 아름다운 순간을, 도전할 수 있는 순간을, 더 깊이 발전할 수 있는 순간을 알아볼 수 있게 되었다.

우리가 어디까지 가는지, 무얼 성취하는지, 외모를 얼마나 변화시키는지는 사실 삶에 별다른 의미를 지니지 못한다. 중요한 건 우리가 자신을 어떻게 느끼는지, 감정을 마음껏 느끼도록 스스로 허락하는지, 과거에서 얼마나 치유하고 발전해 나아가는지다. 치유받기 전의 나는 아름답고 황홀한 순간에 놓여 있을 때조차 깊이 불행했다. 어디를 가든, 마음에 들지 않는 나 자신이 따라왔기 때문이다.

10대와 20대 내내 나는 나를 직면하는 게 두려웠다. 그래서 공상 속으로 도피했고, 내가 인생에서 성취해야 하는 모든 것을 이루고 나면 행복해지리라 생각했다. 나는 내 감정이 두려웠다. 감정을 그대로 느끼고 직시하면서 알게 될 진실이 두려웠다. 주의를 다른 곳으로 돌리지 않으면, 회피하거나 도피하거나 무감해지거나 단절하지 않고 나 자신과 너무 많은 시간을 보내면, 내가 무얼 알게 될까 두려웠다. 나에 대해 생각하는 일을 어떻게든 피하고자 나는 술을 많이 마시고, 대마초도 많이 피웠다. 남녀 가리지 않고 무분별하게 관계를 맺었다. 20대에 나는, 그때 내게 가장 필요했던 치유를 피하려고 치유가 아닌 모든 것에 빠져들었다. 사실 19살의 내가 정말로 어땠는지 잘 기억나지 않는다. 22살의 나도, 24살의 나도 흐릿하다. 그때 나는 없었기 때문이다. 그때 나는 살아 있지 않았기 때문이다. 치유되기 전의 나는 겁이 많았다. 삶의 속도를 늦추고 나 자신을 마주했다가는 내가 부서져 버릴까 봐 두려웠다. 나는 너무나 상처 입기 쉬운 존재였다.

하지만 이제는 안다. **때로는 부서져야만 한다. 그래야 더 강한 나를 새로이 만들어 낼 수 있다.**

나는 빛나는 성취를 이뤄내기만 하면, 나에 관한 생각과 직면하지 않아도 된다고 생각했다. 치유는 건너뛰어도 되는 단계라고 생각했다. 충분히 이루고, 충분히 잘나가면 만사가 괜찮을 거라고. 트라우마를, 의구심을, 과거의 고통을 굳이 마주할 필요가 없을 거라고. 내가 나를 어떻게 대하는지, 세상이 나를 어떻게 길들였는지 찬찬히 살펴보지 않아도 된다고 생각했다. 합리적인 생각은 아니었다. 규칙도 현실도 적용되지 않는 공상에 근거한 생각이었다.

공상 속 나에게는 치유가 필요하지 않았다. 성취가 나를 치유해 줄 테니까. 좋은 배우자가 나를 치유해 줄 테니까. 날씬해진 몸이 나를 치유해 줄 테니까. 완벽한 나로 거듭나기만 하면, 단점투성이인, 상처로 아파하는 나의 많은 불완전한 부분들을 직시하지 않아도 될 것이었다.

노력 끝에 나는 결국은 증명해 냈다. 내가 충분히 괜찮은 사람이라고, 사랑받을 수 있는 사람이라고, 누군가에겐 동경의 대상일 수도 있다고, 내가 되지 못하리라 겁낸 모든 것이 될 수 있다고. 나는 내가 사랑받을 가치가 없는 사람이라는 걸 알게 될까 봐 무서웠던 것 같다. 그래서 그렇지 않다고 반박하는 증거를 충분히 그러모아 나 자신에게 들이밀면 괜찮아지리라 생각했다. 하지만 진정한 해법은 내가 택한 방법보다 훨씬 간단했다. 해법은 계속 성취하고 축적해서 내가 괜찮은 사람이라는 증거를 모으는 게 아니었다. 해법은 치유에 있었다. 이를 위해서는 모든 일의 속도를 늦추고, 나 자신을 직면해야 했다.

후셈과 프랑스에 간 2018년, 나는 그의 사진을 수백 장 찍었다. 어릴 적 집에 카메라가 없었던 후셈은 유년의 결핍을 메우려는 듯 우리의 모든 일상과 활동을 사진으로 기록한다. 그래서 내 카메라엔 후셈의 사진이 가득하다. 우리가 처음 만나 파리와 베를린에서 함께 지낸 2011년에도, 내가 찍은 사진 속 인물은 오로지 후셈뿐이었다. 나는 내 사진은 찍고 싶지 않았다. 아니, 더 정확히 말하자면 내 사진은 찍을 가치가 없다고 생각했다. 그래서 우리가 처음 보낸 몇 년간의 사진에서 나는 거의 부재했다. 결혼식 전날 나는 드레스를 입고 팔뚝을 드러내고 싶지 않아 울었다. 나는 사진에 내 팔뚝이 너무 뚱뚱하게 나올까 봐 걱정했다. 내 머릿속엔 그 생각뿐이었다.

내 사진을 봐야 할 때면 나는 미리 마음의 준비를 단단히 했다. 사진 속 내 모습엔 단점이 가득할 테니까. 내 사진을 보면 속이 안 좋아졌다. 사진을 찍던 당시의 추억도, 그 순간도, 다른 무엇도 떠올릴 수 없었다. 단지 내 배가 어떤 모양인지, 팔이 어떤지, 얼굴은 어떤지만 유심히 살폈다. 내 몸에 대한 괴로움은 사진의 분위기에도 고스란히 드러나 있었다. 사진 속 나는 불편해 보였고, 실제로 불편했다. 내 삶에서 나를 드러내도 된다는 허락을 기다리며 나는 참으로 오랜 시간을 그렇게 보냈다.

삶의 교훈을 이야기하다가 갑자기 사진이라니, 이상한 전개로 느껴질지도 모르겠다. 하지만 내게 사진은 단순한 기록으로 치부하기엔 의미가 너무 크다. 사진은 가치를 선언한다. 어떤 이에겐 사진이 허영일지 모르겠지만 누군가에겐, 특히 여자들에게 사진은 그 순간의 우리를 인질로 잡는 존재다. 무언가를 내려놓지 못해서 자신의 삶을 사진에 담지 못하는 사람은, 무엇을 붙들고 있는 걸까? 어디에서 숨으려 하는 걸까?

나는 그동안 참 많이 숨어다녔다. 내 모습이 사진에 담기는 건, 단체 사진 뒤쪽에 나오는 얼굴이 전부였다. 그것조차 보자마자 숨고 싶었다. 사진은 현실을 반영한다. 사진에서 숨을수록, 나는 인생에서도 숨게 되었다. 사진과 현실은 연결되어 있다.

2018년 프랑스는 내가 몸의 혁명을 일으킬 무대가 되어주었다. 파리에서의 생활은 자신감을 키워주는 마스터 클래스 같았다. 우선, 억지로라도 내 몸을 괜찮은 몸이라고 느껴야 했다. 그것도 날씬한 몸매에 집착하는 파리지앵 틈바구니에서. 파리지앵들은 지하철에서 만나는 사람들을 위아래로 훑어보며 서슴지 않고 인정과 부정의 메시지를 보낸다. 프랑스인들은 좋은 사람들이지만, 미국인들처럼 겉치레하는 예의는 없다. 그들의 눈빛은 진실하며, 말 한마디 없이도 가혹해질 수 있다. 나는 그들의 시선 앞에서 발가벗겨진 기분이었다.

그래서 나는 결단을 내려야 했다. 파리 생활을 시작한 2018년 4월, 나는 다소 신경이 곤두서 있었고 자신감도 흔들렸다. 지난해에 나 자신을 사랑하려고 많이 노력하긴 했지만, 이번엔 실전이었다. 파리에서 무슨 일을 겪게 될까? 지금까지 쌓아온 걸 잃게 되는 건 아닐까? 내가 이 모든 걸 버틸 수 있을까? 자신감이 수그러드는 게 느껴졌다.

하지만 그때, 나는 깨달았다. 내게 현실적인 선택지는 두 가지였다. 매일 스쳐 지나가는 낯선 이들이 보내는 인정과 부정의 메시지에 따라 내 자존감이 마구 널뛰도록 놔두는 것. 아니면 내 몸을 그냥 지금 모습대로 좋아하면서 자유를 만끽하는 것. 낯선 이들에게 인정받길 기다릴 수도 있었지만, 그러려면 분명 나는 너무 오래 기다려야 했다. 말 한 번 섞지 않고 지나갈 이들에게 인정받는다는 개념도 솔직히 생각해 보면 우스웠다. 결국 그들의 인정이란 내가 인식하기 나름이었다. 그러니 내게 주어진 진짜 선택지는 두 가지였다. 내가 인식하는 남의 시선이, 파리라는 아름다운 도시에서 보내는 내 소중한 시간을 좌지우지하게 놔두는 것. 혹은… 그냥 남들이 어떻게 생각하든 신경을 꺼버리는 것.

혁명적인 생각이었다. **인정받길 기다리지 않아도 된다는 것.** '이것만 해내면 행복해질 거야'라는 말을 스스로 되뇌지 않아도 된다는 것. 나중에 파리를 즐길 거라고? 언제…? 날씬해지면? 그렇게 생각할 필요가 없었다. 남들의 의견에서 완전히, 근본적으로 벗어나도 되니까.

나 자신을 무조건 수용한다는 건 정말로 가능한 일이었다. 다른 누군가에게, 얼굴 없는 다수에게, 나를 평가하듯 보는 낯선 이에게 인정받기를 기다리지 않아도 되었다. 그들이 나를 평가하건 말건 무엇 하러 신경 쓰는가? 지금까지 내가 남들을 신경 쓴 이유는, 그들의 의견이 중요하다고 생각해서였다. 그런데 남들의 의견이 중요하지 않다면, 신경쓰지 않아도 된다. 너무나 당연한 말이다. 지극히 당연한 이 사실이, 이제 내 삶의 토대가 되었다. 나는 이제 남들이 날 어떻게 보든 그냥 신경 쓰지 않는다. 그보단, 그냥… 자유롭게 살고 싶다. 너무 많은 사람이 자기가 누구인지, 얼마나 귀중한 사람인지를 타인을 통해 확인하려 한다. 하지만 이제 나는 그 생각을 믿지 않을 것이다. 남들 시선 따위 잊을 것이다. 그렇게 내 세상은 180도 뒤집혔다.

아주 소중하고도 희귀한 정보를 우연히 마주친 기분이었다. 그 이후 나는 남들이 날 어떻게 생각하든지 신경 쓰지 않고 파리를 누볐다. 내가 남들의 인정을 갈구하는 내내 남들에게 나눠주고 있었던 나의 부분들을 전부 돌려받을 수 있었다. 지하철에서 마주친 낯선 프랑스 사람이 날 깔아보든 말든 신경 쓰지 않을 수 있었다.

그들이 날 어떻게 보든, 내게는 영향이 없었다. 그들의 의견에 의미를 부여하는 건 나 자신이니까. 과거에 나는 다른 모든 사람의 의견을 나 자신의 의견보다 중요하게 떠받들었다. 내가 나를 어떻게 생각하는지는 내게 상관없었다. 내게 중요한 건 남들이 날 어떻게 생각하는가였다. 처음 그 사실을 깨달았을 때, 참 하잘것없다는 생각이 들었다. 평생을 참 우스운 생각을 하면서 살았구나, 싶었다. 다른 사람도 나처럼 생각한다는 걸 안다.

특히 여자로서 우리는 남들을 끊임없이 의식하도록 배웠다. 남들이 우리를 보는 시선이 우리의 가치를 결정한다고 배웠다. "우리가 충분히 괜찮은 사람인가요? 보기에 예쁜가요? 충분히 잘 해내고 있나요? 이 정도면 괜찮은가요?

어떤지 말 좀 해줘요!" 하지만 내 인생은 남들의 이야깃거리가 아니다.

과거의 삶이 지긋지긋했다. 나의 존재 가치를 증명하기 위해 인정을 그러모으는 게 지겨웠다. 남들에게서 얼마나 인정받는지를 기준으로 내 가치가 결정되는 것도. 내 몸에 대한 남들의 평가로 인해 내 경험을 방해받는 것도. 나는 무려 파리에 있었나! 여기서까지 남들이 내 인생의 즐거움을 앗아가도록 놔두고 싶진 않았다.

혁명의 첫 발걸음을 내딛자, 더욱 자신감이 솟구쳤다. 자신감이 솟아날 우물을 마침내 뚫은 듯했다. 날개가 달린 기분이었다. 이제는 기다릴 필요가 없었다. 나는 '흠결 있는' 몸을 지니고, S 사이즈가 아닌 옷을 입고, 어느 모로 보나 완벽하지 않은 삶을 살아가며, 파리의 길거리를 마음껏 누빌 수 있었다. 그러면서 진한 즐거움과 설렘, 경이를 느낄 수 있었다. 센 강은 내 팔뚝이 우람하든 말든 개의치 않았다. 강 물결이 반짝였고 나는 멈춰서 그것을 바라보았다. 에펠탑은 30분에 한 번씩 불을 밝혔고, 나는 그 아름다움을 온전히 느낄 수 있었다. 내 몸이 날씬하고 여리여리하지 않아도, 내가 꿈꿔온 커리어의 길 위에 올라와 있지 않아도, 내 인생이 완벽하게 흘러가고 있지 않아도, 삶은 아름다웠다.

파리에서 보낸 시간 동안 나는 급격한 변화를 겪었다. 파리에 도착하자마자 나는 치유되었다. 그곳에서 더 자유로워졌고, 많은 허울을 벗어던졌고, 발전하고 변화해 나갔다. 후셈은 파리에서의 내 모습을 사진으로 많이 찍어 주었다. 카메라엔 미소 지은 내 얼굴이 채워졌다. 내 인생에서 나 자신을 더 많이 볼수록, 나는 내 인생에서 더 귀한 사람이 되었다.

나는 내 삶에서 가장 앞줄로 나설 자격이 있다. 내 인생의 이야기에서 주연을 맡을 자격이 있다. 나 자신을 제일 우선으로 대우할 자격이 있다. 내 몸이 어떠하든, 내 모습을 마음껏 내보이고 드러낼 자격이 있다. 내 일상의 순간들을 사진으로 포착할 자격이 있다. 먼 미래가 아니라, 조건이 충족되었을 때가 아니라, 어떤 의미로든 '완벽해진' 어느 날이 아니라, 바로 지금.

어떤 외모를 지녀야만, 어느 정도의 연봉을 벌어야만, 어떤 직업을 가져야만, 어떤 종류의 사람이 되어야만 자기 모습을 드러낼 수 있는 건 아니다. 지금 내 모습 그대로 남들 앞에 나아가도 된다. 허락을 기다릴 필요가 없다. **이건 내 삶이다. 나의 것이다. 그 안에서 나는 온전히 존재해도 된다.** 내가 가장 원했던 삶을 살기 위해, 남들에게 인정받고 긍정받기를 기다리지 않아도 된다. 그 깨달음이 내게 근본적인 변화를 일으켰다. 진실은 이토록 단순하다. 지금까지 우리는 우리의 가치가 저 먼 곳에, 다른 곳에, 남들의 손에 있다는 말을 얼마나 많이 의식하고 살았던가? 그 위계에서 벗어나고 판을 엎자, 내 삶은 바야흐로 피어날 수 있었다. 내가 갈망하던 방식으로 비로소 변화할 수 있었다.

나는 새로운 사고방식으로 무장한 채 2019년에 미국으로 돌아와, 원래 살던 곳에서 캘리포니아 칼라바사스로 이사했다. 그때부터는 내가 원했던 삶을 살아가는 일이 더욱 수월해졌다. 나는 남들에게 대단해 보이는 삶이 아니라, 내게 근사하게 느껴지는 삶을 정성스럽게 가꾸어나갔다. 내가 출입할 수 없는 장소는 없었다. 뭔가를 기다리지 않아도 되었다. 내가 갈망하는 삶을 지금 여기서 누려도 되었다. 물론 내가 원하는 모든 걸 가질 수는 없었다. 하지만 그조차 환영할 수 있었다. 내가 가지지 못하는 건, 아마 내게 맞지 않는 것일 테니까. 나는 내게 맞는 것들에 맞추어 살고 싶다. 나의 삶을 소중히 아끼며 살아가면, 그 삶에서 어떤 일이 일어나든 반길 수 있다.

세상의 괴로움 중 대부분이 치유되지 못했을 때 생겨난다. 치유되지 못했던 과거의 나 역시 나 자신과 남들을 괴롭게 했다. 자신의 내면을 들여다보길 거부하는 사람들, 자신을 스스로 치유할 책임을 거부하는 사람들, 성취를 통해 자신을 온전하게 만들 수 있다고 믿는 사람들은 남들에게 트라우마를 준다. 권력을 손에 넣음으로써 치유를 건너뛸 수 있다고 믿는 사람들은 남을 해친다. 그들이 집착하는 탐욕과 소유, 피상적 성취에 대한 지나친 강조는 모두 치유를 회피하는 방법에 지나지 않는다.

치유는 한바탕 쏟아지는 폭우처럼 우리를 발끝까지 적신다. 자신의 내면을 들여다본다는 건, 거품 목욕이나 마스크팩 붙이기처럼 간단한 일이 아니다. 치유를 시작하면 몇 년동안 기를 쓰고 피해왔던 모든 것이 동시에 수면 위로 드러난다. 모두가 치유라는 고된 과정을 반길 수는 없을 것이다. 하지만 그렇다고 해서 치유를 피할 수는 없다. 진정한 즐거움, 행복, 평화, 조화, 사랑을 경험하려면 이것들을 누릴 자격이 없다고 말하는 내면의 목소리를 치유해야 한다. 현재 삶을 직시하기 어렵게 만드는 과거의 트라우마를 치유해야한다. 치유가 이루어지지 않는다면, 감정은 억제되거나 진압되기만 할 뿐이다.

수많은 사람이 성취를 통해 자유를 얻으려고 한다. 그 자유의 이름은 바로 치유다. 처음 치유의 여정에 올랐을 때,

나는 내 감정이 두려웠다. 감정을 자세히 들여다보고 싶지 않았다. 감정을 본격적으로 느끼는 건 몸서리치게 싫었다. 그건 내가 극단으로 치우쳐 있었기 때문이다. 나는 오로지 행복만을 느껴야 한다는 강박에 사로잡혀 있었다.

그러던 어느 날, 내게 깨달음이 찾아왔다. 치유된 상태란, 양극단의 중간에 서는 것이다. '부정적' 감정을 두 번 다시 느끼지 않는 건 현실적으로 불가능하다. 아무리 많이 성취해도, 아무리 큰돈을 벌어도, 아무리 삶이 잘 풀려도 이런저런 감정들은 솟아나기 마련이다. 그게 인생이다.

'좋은 기분으로만' 산다는 건 불가능하다. 그러나 그렇게 살아도 괜찮다.

행복은 커다란 전체의 한 부분일 뿐이다. 치유를 해나간다는 건 모든 것을 받아들이고 느끼는 것이다. 완벽한 상태만을, '좋은' 기분만을, '긍정적' 경험만을 기대하지 않는 것이다. 삶은 우리가 통제할 수 있는 범위 바깥에 있다. 우리의 안녕을 결정하는 건, 이러한 삶의 불확실성을 어떻게 다루는지다. 실패, 거절, 실망, 슬픔, 괴로움을 더 이상 겁내지 않을 때, 그때 우리는 치유의 길로 성큼 나아갈 수 있다.

'부정적' 경험을 외면하지 않고, 절실히 느끼고, 거기서 배움을 얻고, 그 경험을 통해 타인과의 관계를 더욱 돈독히 하는 것. 그것이 치유다. 행복은 오기도 하고 가기도 한다. 즐거움은 삶의 많은 순간에서 경험할 수 있으며 기쁨도 마찬가지다. 환희와 설렘은 우리를 고양한다. 하지만 우리가 마음 깊이 갈망하는 차분한 만족감은 고양된 상태가 아니라 치유에서 온다. 일어날 일이 일어나도록 놔두는 것, 무엇을 겪더라도 치유할 수 있다고 믿는 것. 그게 자기 자신을 언제나 편안하게 느끼는 첫걸음이다.

마음이 치유된 사람은 어떤 '부정적'인 일이 일어났을 때, 자신의 가치나 자격이 부족해서가 아니라고 변명하지 않는다. 거절당하면, 그냥 방향을 틀면 된다. 실패했다면, 애초에 자신의 것이 아니라고 여긴다. 치유된 사람은 자신에게 맞는 것에 스스로를 맞출 수 있다. 그러면 어떤 감정이 찾아오든 안전하게 느껴진다.

우리에게 필요한 게 그러한 치유다. 자신에게 맞는 것에 맞추려는 자세다. 현실에서 도피하지 마라. 자신의 내면을 깊이 들여다봐라. 그리고 스스로에게 진실을 말해보자. 다루기 까다로운 감정이 수면으로 올라올 때 가장 좋은 대처는 그것에 귀를 기울이고, 그 안에 숨겨진 지혜를 찾아내고, 담담히 받아들이는 것이다. 힘든 감정을 억누르고, 억지로 다른 감정으로 감추고, 무뎌지려 애쓰지 마라. '이것만 해내면 행복해질 거야'라고 되뇌지 마라. 그런 방법으로는 정작 집중해야 하는 당신의 삶에 집중할 수 없다. 당신은 미래의 언젠가가 아닌, 바로 지금 여기에 집중해야 한다.

치유되기를 두려워하지 말고 반겨라. 마음이 흔들리면, 내면과 다시 연결할 방법을 찾아라. 무언가를 놓치면, 억지로 거머쥐려 하지 마라. 당신에게 맞는 또 다른 무언가가 다시 찾아올 것이다.

내면의 평화가 흔들릴 때 당신이 해야 하는 일은 더 많은 일을 완수하고, 더 많은 목표를 달성하고, 외부 상황을 바꾸어 기분을 전환하는 게 아니다. 그 순간 당신에게 필요한 건 치유다.

치유는 벗겨내는 일이다. 우리 내면은 양파처럼 까도 까도 새로운 껍질을 내놓는다. 당신이 원하던 것 아닌가? 껍질을 전부 벗겨내고, 그 안에 숨겨진 진실한 존재에 가닿는 것. 그 안에 담긴 사랑을 찾는 것. 치유되고, 치유된 마음을 남들과 다정히 나누는 것. 더 아름답고 공정하고 사랑이 가득한 세상으로 나아가는 것. 출발점은 우리 안에 있다.

여기서 안주할 수 없다

단순한 삶을 살기 위해 원시인처럼 살아야 하는 건 아니다. 소박한 만족을 위해 거창한 목표들을 전부 버릴 필요는 없다. 꿈꾸기를 멈추지 않아도 된다. 이것이 근본적인 만족의 '제1 번 강령'이다.

당신 삶은 당신을 위한 것이어야 한다. 당신이 생각하는 꿈, 당신이 생각하는 건강, 당신이 생각하는 아름다운 삶. 이것들은 남이 대신 정해줄 수 없다. 당신에게 무엇이 좋을 지는 내가 대신 말해줄 수 없다. 당신의 진실을 말할 수 있는 사람은 당신뿐이다. 당신의 삶을 누릴 자격이 있는 사람은 오직 당신뿐이다.

당신은 모든 걸 가질 수 있다. 하지만 한번 자문해 보자. 내가 정말로 모든 걸 가지고 싶은가? 얼마나 가져야 충분할까? 무엇이 안주하는 것이고, 무엇이 충족된 것일까? 그걸 어떻게 구분할까?

우리 세대는 안주하는 순간 엄청난 큰일이 나는 줄 안다. 그런데 '안주'라는 단어는 모두가 인정할 만한 정확한 정의를 갖기 힘든 개념이다. 형태도 없고, 끊임없이 바뀌는 데다가, 변덕스럽다. 안주한다는 건 어떤 모습일까? 교외의 마당 딸린 집에 살면 안주하는 걸까? 이건 선뜻 답할 수 없는 질문이다. 누군가에겐 감히 좇지 못할 꿈이, 다른 사람에겐 '안주'하는 삶일 수 있다.

정의할 수 없는 무언가를 앞에 두면, 우리는 쉽게 겁에 질린다.

나는 20대 내내 '안주'라는 개념에 끈덕지게 괴롭힘을 당했다. 내 삶에서 충분하다고 느껴지는 건 하나도 없었다. 한 가지에 진득하게 전념하기 어려웠다. 나에게, 남에게, 프로젝트에, 우정에, 연애에, 전공에, 연구 분야에, 커리어에, 살 집에 온 마음으로 집중할 수 없었다. 자꾸만 다른 사람의 삶에 눈길이 갔다. 다른 사람이 가진 것이 언제나 더 좋아 보였다. 선택을 내리고 마음이 편해지면, 이렇게 안주하게 될까 봐 강박적으로 불안해했다. 사회는 우리에게 '최고의 삶'은 안전지대 밖에 있다고 가르친다. 그 가르침을 충실하게 따라가면서, 나는 이따금 숨 돌릴 틈이 생기길 간절히 바랐다. 하지만 잠깐 멈춰 숨을 한번 돌릴 때마다 공황이 들이닥쳤다. '이렇게 안주해선 안 돼. 멈추지 말고 더 열심히 해야해. 계속 노력해야 해.' 휴식하는 건, 잠시라도 긴장을 늦추는 건, 미래에 대해 걱정을 그만두는 건 인생을 포기하는 일처럼 느껴졌다.

나는 안주하는 게 두려운 나머지 내 인생에 정착할 엄두를 내지 못했다. 안정감은 사치로 느껴졌다. 그렇게 노력한 끝에 내가 얻은 건… 폐허뿐인 과거가 전부다.

'최고의 삶'을 살아야 한다는 압박에 시달리느라 '좋은 삶'을 가꿀 시간을 갖지 못했다. 매 순간 남보다 뒤처지고 있다는 생각에 괴로웠다. 현재에 안주하지 않고 성공을 향해 끝없이 내달리는 경주가, 내 삶에서 가장 긴급한 일이라 느꼈다. 나는 내게 딱 10년이 남았으며, 20대가 끝나기 전에 모든 걸 완성해야 한다고 생각했다. 30살이 되면 인생이 끝난다고 생각했다. 그때까지 성공하지 못한 사람은 '대기만

성' 소리를 듣게 되니, 30살은 이미 늦은 나이라고만 생각했다. 실제로 30살이 되어보니 어땠냐고? 새파랗게 젊은 나이였다.

뒤처지면 안 된다는 강박은 10대와 20대 내내 나를 그림자처럼 따라다녔다. 내가 '올라야 하는' 궤도에 아직 오르지 못한 기분을 들게 했다. 친구들이 다들 연애할 때, 나는 그러지 못했다. 나는 자주 수줍어했고 거절당하는 것도 두려웠다. 언제부턴가 세상이 나만 남겨둔 채 잘 돌아가는 것 같았다. 10대 내내 나는 덩그러니 남겨진 기분에 사로잡혀 있었다.

그래서 20대에 들어선 나는 안주하지 않고 남들을 따라잡으려 노력하기 시작했다. 남들 뒤에 남겨지긴 했지만, 내가 '잘못'된 건 아니라고 증명하려 애쓰면서. 나는 30살 이후엔 이미 대단한 사람이 될 수 없다는 말을 믿었다. 30살이면 이미 늦었다는, 그런 헛소리를 믿었다.

30대가 되어보니 어떠냐고? 지금 나는 가능성이 넘실대는 야생의 영역을 살아가고 있다고 느낀다. 나를 옥죄는 믿음들을 전부 불태워 없애고 그냥 살고 싶은 대로 살기 시작한 뒤로, 과거에 내가 얼마나 큰 착각을 품고 살았는지 알게 되었다.

Chapter 04 여기서 안주할 수 없다

사회의 기대를 내 기대로 내면화하는 것은, 곧 사회에 순응하는 것이다. 우리가 인식하지 못하는 사이에 우리는 그렇게 사회의 기준에 지배당한다. 30대가 된 지 얼마 되지 않았을 때, 나는 사회의 기대에 부응하려 노력하지 않겠다고 다짐했다. 여자는 몇 살에, 무얼 해야 한다고 말하는 편협한 믿음에 휘둘리기를 거부했다. 내 인생에 데드라인이 정해져 있다는 믿음을, 30살이 넘으면 해마다 나의 가치가 떨어질 거라는 믿음을 거부했다. 그건 새빨간 거짓말이니까. 세상 사람들이 나를 인정해 주지 않을 거라고? 그러면 내가 나를 인정하겠다고, 몇 살이 되든 나 자신을 긍정하겠다고 결심했다.

나는 대기만성이라는 표현을 들으면 화가 난다. 이 말은 언뜻 들었을 땐 칭찬처럼 들린다. 꿈을 좀 늦게 이루는 것도 좋다고, 다독이는 것처럼 들린다. 하지만 실제로 이 단어는 애초에 존재하지 않던 데드라인을 만든다. 꿈을 이루는 데엔 기한이 없다. '늦었다'는 건 누가 정하는가? 자기만의 속도로 자기만의 삶을 살아가는 사람이 어떻게 늦을 수 있을까? 칭찬은 고맙지만, 우리는 누구나 우리 속도대로 피어난다. 그게 언제든, 우리의 순간은 반드시 찾아온다.

30살이 되고 혼란을 겪고 나서, 나는 다시는 나이를 기준으로 내 가능성에 제한을 걸지 않겠다고 결심했다. '안주'하는 걸까 봐 걱정하는 일은 그만두고, 내가 밟아 나가고 있는 모든 단계를 순수하게 즐기기로 했다. 허울을 벗어던지고 발견한 새로운 나를 온전히 즐기기로 했다. 할 수 있는 한 온전하고도 솔직하게, 단순한 삶을 살 것이다. 필요한 만큼 성장하고 발전할 것이다.

안주하지 말아야 한다는 우리의 강박에는, 생각지 못한 역효과가 있다. 안주하는 상태를 계속 겁내다가는, 결코 안정을 찾을 수 없다. 저 멀리 지평선을 바라보며 이것보다 더 나은 게 있을지도 모른다는 생각에만 빠져 있으면, 내 몸에 맞는 편안한 삶을 일구는 건 어려워진다. 나는 본디 도전을 좋아하는 사람이다. 새로운 꿈을 찾아 나서는 것도 좋아한다. 성취도 좋아한다. 거창한 꿈을 꾸는 걸 좋아한다. 하지만 매일의 일상을 불안정하게 살고 싶진 않다. **지금 있는 곳을 사랑하는 것과 앞으로 나아가는 것 사이의 긴장에서 균형을 잡는 일, 그게 내 인생에서 가장 중요하다.**

앞서 살펴봤듯 '안주'는 정의할 수 없으며 전적으로 주관적인 개념이다. 그렇다면 우리는 어떤 삶을 보면서 안주했다고 느낄까? 안주한다는 건 특정 장소에 가는 것도, 특정한 형태의 인생을 사는 것도 아니다. 안주한다는 건 단지 느낌이다. 이루지 못한 꿈을 마음속에 품고만 있는 것, 진정한 자신의 모습대로 솔직하게 살지 못하는 것, 자신의 일부를 숨기고 있는 것, 마음속 가장 깊은 욕망을 존중하기를 거부하는 것. 이들이 바로 안주하는 것이다. 삶의 겉모습만 보고 안주했는지 아닌지를 판단할 수는 없다. 말리부의 아름다운 해변 근처에서 자신을 속이며 살 수도 있고, 퍼시픽코스트 고속도로 옆에서 봉고차를 집 삼아 지내면서 진정한 자신으로 살 수도 있다.

우리가 안주의 개념을 쉽게 오해하는 건, 다른 사람의 삶을 기준으로 삼기 때문이다. 우리는 안주하지 않는 것을 목표로 삼아놓고, 자신에게 가장 진정으로 맞다고 느끼는 방식을 선택해 살지 않는다. 안주하지 않는 게, 단순히 다른 사람이 가진 걸 쟁취하는 거라고 착각한다. 남들 하는 만큼 따라가는 것. 남들보다 뒤처지지 않는 것. 나이 때문에 꿈을 포기하는 것. 이 모든 것의 기준은 타인이다. 이렇게 다른 사람의 정의에 기댈 때 우리는 우리 자신의 삶을, 우리 자신의 진실을 빼앗기고 만다.

다른 사람이 그린 지도를 들고 있으면, 완벽하게 길을 따라가더라도 결국은 안주했다는 느낌에 좌절스러울 것이다. 스스로에게서 우러나온 진심대로 살지 않았기 때문이다. 내겐 큰 꿈이, 남에겐 작은 꿈일 수 있다. 내겐 확장이라 느껴지는 일이, 누군가에겐 제한으로 받아들여질 수 있다. 실제로 2년 전엔 확장이라 느꼈던 경험이, 지금 내게는 제한된 일처럼 느껴진다. 사회가 강요하는 삶의 방식대로 안주하려 할 때, 우리는 가장 중요한 것을 배우지 못한다. 가장 행복하고 가장 나답게 살게 해주는 방법이 무엇인지 배우지 못한다. 내가 생각하는 최고의 삶은 이웃, 부모, 형제자매, 친구의 그것과는 분명 다르다. 붕어빵처럼 남들과 똑같이 당신의 삶을 찍어낼 필요가 있을까. 오직 당신만의 한 번뿐인 삶인데 말이다.

우리가 안주하기를 머뭇거릴 때, 정말로 두려워했던 건 무엇일까? 내 생각에 우리는 자신이 가장 원하는 것에 대해 진짜로 솔직해지지 못한다는 점을 가장 두려워한다. 아직 남들에게 알리지 못한 꿈을 좇지 않고 있어서 두렵다. 시도했다가 실패할까 두렵다. 시도했다가 성공하는 건, 더 두렵다. 그러면 지금까지 신중하게 쌓아온 삶의 정체성이 흔들릴 테니까. 사회가 우리에게 요구하는 기준 밖으로 걸어나가, 직접 정의한 대로 가장 자유로운 삶을 살아가는 게 두렵다. 지도를 내다 버리고 맨손으로 탐험을 시작하기가 두렵다.

왜냐면, 사회는 우리에게 지도를 쥐여주니까. 친구들도,

부모도 나에게 지도를 준다. 모든 사람이 우리에게 지도를 건네려 안달이다. 그렇기에 직접 지도를 그리지 않는 이상 우리는 남이 준 지도대로 길을 따른다. 어쩌면 그 길을 따라가다 행복에 이를 수 있을지도 모른다. 하지만 그러지 못할 확률이 더 높다. 남이 그린 지도를 따라 살고, 필요하다고 말하는 모든 걸 갖고, 타인의 기대나 욕구를 충족시켜 마침내 행복해질 거라던 삶에 당도한다면 정말 만족스러울까? 오히려 그 삶에서 내가 안주하고 있다고 불안해할 수 있다. 그 삶이 감옥처럼 느껴질 수 있다. 환상이 산산조각 나면서 당신도 함께 무너져 내릴 수도 있다.

당신의 삶을 대신 살아주지 않는데, 그들은 어째서 지도를 건네는 걸까? 우리는 어째서 그들이 건넨 지도를 선뜻 받아드는 걸까?

당신이 가장 원하는 삶은 당신이 결정해야 한다. 당신의 지도는 당신이 직접 그려나가야 한다. 정해진 길을 걷는 일만큼 쉽진 않겠지만, 훨씬 재미있을 것이다. 무엇보다도 그 길이 당신만의 것으로 느껴진다는 점이 가장 큰 기쁨일 것이다. 그런데 우리는 여기서 자주 서두르고 조바심을 낸다. 20대에 인생을 어떻게 살지 전부 계획하고, 30대에 바로 계획을 실행에 옮겨 정착해야 한다고 생각한다. 가뜩이나 수명도 길어졌는데, 남은 50, 60, 70년을 어떻게 살지 단 10년 만에 정해야 한다니! 우리는 이를 당연한 과정이라 여긴다.

우리는 30대에 접어드는 일을 마치 검문소를 통과하는 일처럼 생각한다. 그때까지 모든 걸 이뤄야 한다. 완벽한 사람이 되고, 완벽한 커리어를 쌓고, 평생 정착할 집을 마련하고, 완벽한 친구를 사귀고, 완벽한 인생을 꾸린다. 그렇게 그 상태로 평생을 성장하지 않고 살아가는 거다.

우리는 그렇게 배웠다. 우리는 사회에서 그런 기대를 받았다.

사회는 우리에게 겁을 준다. 30대가 되면 성장하고 변화할 가능성이 끝난다고. 설렘과 재미와 즐거움과 사랑을 느낄 가능성이 끝난다고. 방향을 틀어 새로운 자신을 만날 가능성이 영영 사라진다고. 그게 사람들이 20대에 급하게 모든 걸 해내느라 아등바등 애쓰는 이유다. 너무 어린 나이에 경솔하게 책임을 맡고, 미래의 나와는 맞지 않을지도 모르는 영구적인 결정들을 내리는 이유다.

30대가 되기 전에 모든 걸 완벽하게 해내려고 애쓰는 사람에겐 자신이 정말로, 진정으로, 마음 깊은 곳에서 뭘 원하는지 멈춰서 자문할 겨를이 없다. 남에게 질세라 사회가 그린 지도를 따라가느라 바쁘다. 그렇게 살다 보면, 어느 하루는 눈을 떴을 때 자기 인생이 이상하게도 자신의 것처럼 느껴지지 않는다.

그게 내가 20대에 겪은 일이다. 20대의 나는 내게 주어진 여러 기대를 충족해야 한다고 생각했다. 그 뒤의 인생은 내리막길뿐이라고 느꼈다. 그런 믿음을 품고 30대가 되자 내면에 도사리고 있던 공황이 수면 밖으로 드러나기 시작했다. 당시 나는 내 인생이 사실상 끝장났으며, 다시는 아무것도 꿈꾸지 못할 거라고 느꼈다. 30살이 되기 전에 모든 걸 해내지 못했으니 나는 실패한 사람이라고 느꼈다.

30대가 됐을 때 의식적으로 생각한 것만도 이만큼이니, 모습을 드러내지 않은 채 내 안에 도사리고 있었던 잠재적 공황이 얼마나 심했는지는 상상에 맡기겠다. 내가 20대에 내린 많은 결정은, 30대가 되기 전에 '제대로' 살아야 한다는 두려움에서 비롯되었다. 어느 모로 보나 거절하는 게 마땅했지만, 성공하기까지 시간이 2년밖에 남지 않았다고 생각하니 마음이 조급해져 받아들인 제안들도 있다.

나이 듦을, 우리의 가능성을 제한하는 걸림돌이 아니라 선물로 여기면 어떨까? 성장하고, 이동하고, 변화할 여지는 언제든 충분하다. 나는 다양한 버전의 '나'를 만나보고 싶다. 이미 여러 번 업데이트해 보았다. 옷을 갈아입듯 새로운 정체성을 입어보기도 하고, 새로운 경험을 시도해 보기도 했다. 내가 성장하며 거쳐 갈 나의 여러 모습과 그 끝에 다다를 노년의 모습이 기대된다. '반드시 해야 한다'고 말하는 사회적 기준의 바깥에는, 압박이 사라진 아름다운 삶이 기다리고 있다.

나는 지금 그곳에 산다.

우주와 같은 광활한 공간에서 둥둥 떠다니는 나를 상상해본다. 혼란 가득한 세상 속 자유로이 유영하는 내 모습을 나는 지켜만 볼 뿐이다. 압박에 영향을 받지 않는다는 뜻은 아니다. 하지만 지금은 그게 절대적 진실이 아니라 사회적 압박일 뿐이라는 걸 알아채고, 따르지 않겠다고 거부할 수 있다. 나는 남과 똑같은 삶을 원하지 않는다. 사회가 말하는 가능과 불가능의 영역에 나를 가두고 싶지 않다.

내게 안주하는 기분을 느끼게 만드는 일은, 내 재능을 무시하는 것이다. 시도조차 하지 않고 불가능하다고 지레 포기하는 것이다. 어떤 일에 도전하기엔 내가 너무 나이 들었다고 생각하는 것이다. 남에게 거부당하기 전에 내가 나를 거부하는 것이다. 실망할 일을 만들지 않으려, 스스로를 믿는 일을 회피하는 것이다. 다른 사람이 나를 긍정하고 받아들여 주기만을 기다리는 것이다. 내가 살 수 있는 삶보다 더

좁다란 삶을 살아가는 것이다. 내게 더 잘 맞는 무언가 있다고 말하는 내면의 고요한 목소리를 무시하는 것이다.

더 많은 걸 원하라는 뜻이 아니다. 더 많이 가져야 더 가치 있는 사람이 된다는 뜻도 아니다. 내게 안주하지 않는 건 소비와는 아무 관련이 없다. 내게 안주하지 않는다는 건, 오로지 내가 계속 성장하고 발전한다는 의미다. 특정 체격·나이·사회 경제적 지위를 지닌 여자에게 무엇이 가능하고 불가능한지 정하려 드는 편협한 사회의 헛소리에 속아 넘어가지 않는 것이다. 나는 사람들이 스스로 잘 살고 있다고 정당화하려 내게 강요하는 삶을 선택하지 않기로 했다. 당신도 그랬으면 좋겠다. 나는 새로운 '나'를 위해 치유와 발전을 해나갈 것이다. 내게 주어진 재능을 아낄 것이다. 내게 주어진 것을 표출하며 살 것이다.

나이는 내가 어디로 가는지, 어디서 멈추는지 정해주지 않는다. 나이가 말해주는 건 오로지 내가 앞으로 이 지구에서 살아가는 특권을 누릴 나날이 얼마나 남았는지다. 나이가 들어서 더 이상 기회가 없다고 생각하거나, 나이가 들수록 가치가 폭락한다는 사회의 말을 믿으며 인생의 키를 놓아버리는 여자가 한 사람도 없기를 바란다.

내 가치를 사회가 정하도록 놔두지 않을 것이다. 사회가 뭐라하든 신경 쓰지 않고 살 거다. 별의별 정의와 가치 체계를 눈앞에 들이밀어도, 흘끗 보고 넘길 거다. 내 가치를 정하는 사람은 나다. 내 가능성을 결정하는 사람은 나다. 내게 잔소리를 하고 싶으면 내 수준까지 올라와 보라는 마음. 이건 오만이 아니라, 자신감이다. 사회가 내 삶을 가두려 하는 경계를 넘겠다는 자신감이다.

누가 목소리를 낼 수 있는가. 몇 살에 어떤 가치를 지녀야 하는가. 남들 눈에 내 삶이 어떻게 보여야 하는가. 나는 이런 소음에 더 이상 귀 기울이지 않는다. 어깨를 한 번 으쓱하고 그 소음들을 넘겨 버린다. 귀에 들어오는 건 막을 수 없다. 그런 소음이 존재한다는 것도 이해한다. 하지만 한 귀로 흘려버리는 것 또한 내 자유 의지다.

사회의 제약은 나를 위한 게 아니다. 당신을 위한 것도 아니다. 30살이 넘어도, 아니, 어떤 나이를 넘어도 인생에서 경험할 것은 한없이 많다. 겪어봐야 할 것이 너무나 많다. 세상과 당신 자신에 대해 새롭게 발견할 것이 정말 많다. 그러니 당신의 가능성을 지레 잘라버리지 마라. 당신이 성장할 수도, 발전할 수도, 전부 벗어던지고 완전히 다른 사람이 될 수도 없다고 제한하는 말들에 발목을 붙들리지 마라.

우리는 모두 피어나기 위해 태어났다. 변화하기 위해 태어났다. 자기 삶을 가장 충만하게 채우기 위해 태어났다. 우리가 지금 지닌 재능과 기쁨과 능력과 흥미를 지니도록 태어났다. 우리의 삶은 우리에게 주어졌다. 재능gift에 선물이라는 뜻이 있는 건 우연이 아니다. 그 선물은 다른 사람을 위해 주어진 게 아니다. 당신의 기쁨을 위해 주어진 것이다. 당신이 받은 선물을 즐겨도 괜찮다.

그러니 안주한 상태에 관한 불안은 그만 접고, 당신이 가장 원하는 방식으로 삶을 살아가고 있는지 질문을 던져라. 당신의 지도를 스스로 그리고 있는가? 스스로 길을 만들어 가고 있는가? 내가 무엇을 가장 원하는지 명확히 알고 있는가? 내 꿈을 남들에게 알리고 있는가? 그 꿈을 현실로 만드는 과정을 충분히 즐길 공간과 시간을 스스로에게 내어주고 있는가? 당신 자신이 내린 정의대로 살고 있는가?

타인의 기준에 맞게 제대로 살고 있는지 그만 생각하자. 지금 당신이 사는 삶이 내면의 당신에게 올바른 것으로 느껴지는지 확인하자. 영혼의 조화를 찾고, 스스로에게 한 약속을 지키자. 현상을 유지하고 순응하라고 말하는 사회의 경계 바깥으로 나아가자. 그런 좁은 상자에 갇히기엔 당신은 너무 큰 사람이다. 당신에겐 뻔뻔하고 당당하게, 당신의 마음에 불을 밝혀주는 방식으로 살아갈 자격이 있다. 당신의 삶은 다른 사람의 삶과는 조금도 같지 않을 것이다. 그것이 삶이란 마법이다.

당신이 그린 지도를 따라가다가 어딘가에 도착해 머물게 된다면, 그곳에서는 '안주'한다는 것 때문에 걱정하는 순간은 없을 것이다. 걱정했다는 사실조차 잊을 것이다. 희미해진 전날 밤의 꿈처럼. 당신이 당신 자신을 위해 살 때, 경계 밖에서 살 때, 사회의 기준을 따르지 않을 때, 당신에겐 굳이 채워야 할 필요나 욕망이 존재하지 않을 것이다. 전전긍긍하며 따라잡아야 할 누군가가 없으니까.

그 삶에 존재하는 건 과거의 당신, 현재의 당신, 미래의 당신뿐이다. 바깥에서 낭비하고 있던 당신의 모든 가치를 모아서 당신의 내면에 되돌려줘야 한다. 스스로를 긍정하고, 귀하게 여겨야 한다. 당신이 '잘 살기'를 얼마나 잘하는지 증명하려 애쓰고 있다면, 그 사실을 깨닫고 그만두길 바란다. 당신은 치유되어야 한다. 다시 당신의 내면으로 돌아가야 한다. 당신의 인생은 당신의 것이다. 당신의 인생을 살아가는 게 당신의 일이다. 남들이 당신을 어떻게 생각하든, 그건 그들의 일이다. 가장 중요한 건, 당신이 당신을 어떻게 생각하는지다. 당신이 원하는 방식대로 사는 것, 그게 당신이 해야 할 일이다.

여기까지 왔으면, 다시 생각해 봐라. 인생에서 여전히 원하는 게 뭔가? 어떤 꿈이 당신의 마음속에 머물고 있는지, 어떤 꿈이 온데간데없이 사라졌는지 확인해 봐라. 놀랄지도 모른다. 있는 줄도 몰랐던 마법이, 당신의 안에서 깨어날지도 모른다. 당신이 가고 싶다고 착각했던 곳보다 더 낮고, 밝고, 더 당신다운 곳으로 향하는 길에 오르게 될지도 모른다.

당신의 가치를 증명하려고 너무 애쓰기를 멈출 때, 비로소 인생이 당신을 위해 얼마나 아름답게 펼쳐지는지 알게 될 것이다. 당신이 바로 지금, 바로 여기서 얼마나 귀중한 사람인지 깨달아야 한다. 그래야 귀중한 당신에게 꼭 맞는 인생이 펼쳐질 테니까 말이다.

 Chapter 05

스스로를
채찍질해라

우리는 스스로에게 무척 불친절하다. 우리에게 가장 가혹한 말을 쏘아붙이는 게 누굴까? 바로 우리다. 자기 자신에 관해서는 놀랄 만큼 매몰차게 비난하는 게, 바로 내면의 목소리다. 친구에겐 결코 그렇게 말하지 않을 사람들이, 자신에겐 한없이 못되게 군다. 자신을 제일 심하게 괴롭히는 적이 자기 자신이라니, 이상하지 않은가? 하지만 우리 문화에선 그게 정상이 되었다. 자신에게 엄하게 굴어야 옳으며, 항상 스스로를 채찍질하며 쉬지 못하게 만들어야 한다. 절대로 만족해선 안 된다. 우리 자신에 대해 경계를 늦추어선 안 된다. 자신에게 잔인하게 굴지 않으면, '이뤄야 하는' 모든 걸 어떻게 이루겠는가? 포기하면 안 된다! 포기는 나쁜 거니까!

마음속은 전쟁터가 된다. 나 역시 너무나 오랜 세월 전쟁터를 품고 살았다. 그래서 꼭 알려주고 싶은 게 하나 있다. **내가 나를 괴롭히는 건 자연스러운 게 아니다.** 자신에게 가혹하게 구는 행동을 당연하게 받아들여선 안 된다. 자신에게 엄한 태도가 행복한 삶을 낳는 건 아니다. 오히려 혼란에 빠지고, 지나치게 생산성에 매달리게 될지도 모른다. 절대 포기하지 않고, 힘들어도 그만두지 않고, 세상의 기대를 충족시키기 위해 언제나 온몸을 내던져 노력하는 사람은 다른 사람들 눈에 대단해 보인다. 이게 오늘날 유행하는 삶의 방식 아니냐고? 물론 그렇긴 하다. 하지만 좋게 받아들여진다고 해서, 반드시 그게 우리에게 최선인 것은 아니다.

우리는 마음에서 우러나오는 감정들을 회피하려다가 삶을 망가뜨리고 만다. 반드시 직면해야 할 것들을 피하려, 나 자신에게 이런저런 것들이 불가능하다고 제약을 건다. 우리에 대한 가장 부정적인 말이 가장 진실이라고 믿는다. 자신에게 베풀 친절은 티끌만큼도 남겨두지 않는다.

어떤 사람들은 스스로를 가혹한 태도로 대하다 이로 인

해 깊이 고통받는다. 마음속이 아수라장인 게 정상이고, 거기서 벗어날 방법은 없다고 믿는다. 모르는 사이에 우리 대부분은 자신을 깎아내리는 마음속 이야기들을 부정할 수 없는 진실로 믿기까지 한다. 마치 우리의 정체성이 고정불변인 것처럼. 스스로에 관한 이야기를 다시 쓰거나 수정할 수 없는 것처럼.

여기서 한 가지 문제가 생겨난다. 자신에게 가혹하게 구는 사람은 자꾸만 해법을 바깥에서 찾는다. '나는 못났다'는 마음의 소리가 틀렸다고 증명하고 싶다. 성취로써 자신감을 얻고 싶다. 연애를 하고, 결혼을 하면 나 자신을 사랑할 수 있을 것 같다. 그럴듯한 업적들을 쌓으면 누구도 반박할 수 없을 만큼 가치 있는 사람이 될 것 같다. 많은 일을 해내고 많은 사람에게 대단해 보이면 언젠가 이렇게 말할 날이 올 것 같다. '됐다, 이제 난 괜찮은 사람이야.' 삶을 누리기 위해 자격이 필요하다는 생각이, 이렇듯 삶을 필요 이상으로 힘들게 만든다. 만족스러운 삶을 일구기 위해 스스로 끊임없이 질책해야 한다는 근거 없는 착각이, 우리를 힘들게 한다.

힘겹게 사막을 건너자마자 갑자기 아무런 고통도 불안도 없는 오아시스가 나타나는 건 아니다. 삶은 그렇게 돌아가지 않는다. 당신이 오르고 있는 산의 꼭대기에는 행복하지 않은 사람이 많다. 세속적 성공은 내면에 도사린 감정을 증폭시키는 역할을 한다. 마음속에서 되풀이되는 못된 말들이 틀렸음을 증명하려 자신을 갈아넣은 사람이 있다고 치자. 그가 마침내 성공을 거두면 어떤 일이 벌어질까? 그는 성공 역시 같은 방식으로 대할 것이다. 그에게 성공은 더 많은 투지를 불태울 대상이 된다. 고군분투할 대상이 된다. 다음 이정표가 된다. 그곳까지만 가면, 행복해질 자격이 생길 것 같다. 그런데 '그곳'이라는 목표물이 자꾸 다른 곳으로 움직인다. 아무리 노력해도 다다를 수 없다.

사람들 대부분은 특정 나이까지 어떤 이정표에 도달하지 못하면 실패했다고 생각한다. 사회에서 그렇게 배웠기 때문이다. 미디어는 젊은이들의 성공에 집착하며, 성취한 사람들이 행복을 누리는 일이 마치 당연하다는 듯 보여준다. 그러나 그건 진실이 아니다. 진실 근처에도 미치지 못하는 새빨간 거짓말이다.

이 거짓말로 인해 우리는 실패했다고 느끼고, 뒤처졌다고 느끼고, 나이를 먹으면 어떤 꿈은 포기해야 한다고 느낀다. 우리의 가치가 우리의 안이 아닌 바깥에 있어서, 노력을 기울여 쟁취해야 한다고 믿는다. 이것은 착각이다.

나의 가치는 쟁취의 대상이 아니다.

한 사람의 가치는 쟁취해야 할 존재가 아니다.

당신의 가치는 쟁취의 대상이 아니다.

2016년부터 나는 일기를 쓰기 시작했다. 그게 내가 평생 처음으로 꾸준히 해온 일이다. 일기를 쓰는 건 퇴마 의식처럼 느껴졌다. 대단히 불편하다는 의미에서 그랬다. 내면에 치유되지 않은 것들이 일기장 위에 마구 쏟아졌다. 여과되지 않은 날것의 생각들이 나를 상처 입혔다. 내가 쓴 글을 보면서 나는 금세 깨달았다. 나는 나를 좋아하지 않았다. 의심의 여지 없이, 나를 가장 심하게 괴롭히는 사람은 나 자신이었다. 과거에 누군가에게 들은 모진 말, 내가 견뎌야 했던 상처들…. 나는 그것들을 모두 내면화하고 증폭시켜서 더 나쁜 무언가로 만들어 냈다. 못된 말을 내게 반복해서 쏟아냈다.

내가 나에게 가혹하다는 걸, 기대치가 너무 높다는 걸, 내가 '완벽주의자'라는 걸 모르지 않았다. 하지만 내 마음의 목소리를 글로 적어보니 생각한 것보다도 훨씬 유해했다. 나는 나 자신을 학대하고 있었다. 나에 관한 해로운 생각이 온종일, 매일 머릿속에서 되풀이되고 있었다. 그러니 내가 행복과 평화를 누리지 못하는 건 당연했다. 머릿속에서 끊임없이 혼란을 만들어내면서 차분함이 찾아오길 기대하고 있었던 셈이다.

자신감 하나만큼은 충분하다고 나는 생각했다. 친절하며, 연민이 있는 사람이라고도 생각했다. 하지만 아직 해결하지 못한 고통스러운 과거라는 미궁을 들여다보니 확실한 사실이 하나 있었다. 나는 나랑 있는 게 즐겁지 않았다. 나는 질투심이 많았다. 나보다 어딘가 나아 보이는 사람과 나를 자꾸 비교했고, 내 실패의 무게를 덜기 위해 남의 성공을 깎아내렸다. 그러는 동시에 나 자신에게는 대단히 불친절했다. 나는 정신없이 바쁘게 돌아가는 일상 속에서 건져낸 모든 생각들을 일기에 솔직히 적었다. 내가 정말로 어떤 생각들을 하고 있는지 직시하는 순간, 내가 두르고 있던 허울 좋은 껍데기가 깨지고 열렸다.

나 자신을 엄격한 태도로 대하는 것이 삶을 괜찮게 살아가는 유일한 방법이라 생각했다. 다른 방법은 전부 순응하고 포기하는 길이라고 느꼈다. 그래서 쉼 없이 나 자신을 재촉했고, 노력을 강요하는 교관처럼 나를 대했다.

나는 머릿속에서 들려오는 모진 말을 있는 그대로 받아들였다. 내가 못났으니 더 노력해야 한다는 말을 따르면, 결국은 남들이 틀렸다고 증명할 수 있을 것이다. 언젠가는 '충분히 괜찮은 사람'이 될 수 있을 것이다. 나 자신을 갈아넣어야 한다는 말을 따르면, 이른바 '성공'한 사람이 되고 모든 불안은 신기루처럼 사라질 것이다. 머릿속의 목소리는 그런 모호한 미래를 꿈꾸게 했다. 그 목소리는 진실처럼 느껴졌다.

반면 남이 해주는 칭찬들은 전부 거짓으로 느껴졌다. 내가 나를 호되게 꾸짖는 말만 진실로 느껴졌다. 나는 진실을 포기하고 싶지 않았다. '제이미, 아직 충분히 괜찮은 사람이 되지 못했잖아.' 내겐 아직 나에게 친절할 자격이 없었다. 내가 나를 채찍질하지 않는다면, 내게 어떤 동기가 남아 있을까? 어떻게 노력을 계속해 나갈까?

그게 내가 빠져 있던 함정이었다. 하루도, 한 주도, 한 달도 아닌 자그마치 20년 동안.

내게 구원의 문을 열어준 건 볼펜으로 꾹꾹 눌러쓴 일기장이었다. 일기는 나라는 사람의 가치, 세상에서 내가 있어야 할 자리, 내가 받는 기대에 대한 내 복잡한 믿음들을 여과없이 드러냈다. 내 머릿속에서 되풀이되던 잔인한 말들은 종이에 적힘으로써 새로운 형태와 무게를 지니게 되었다. 그 말들은 우스갯소리로 치부할 게 아니었다. 자기비하적 농담도 아니었다. 그렇게 나는 현실을 자각하게 되었다. 나는 나 자신을 잔인하게 괴롭히고 있었다.

모진 말들이 내 인생을 빚고 있었다. 가혹한 목소리가 나의 가치에 대해 떠들고 있었다. 내 정신은 나라는 인간 전체를 독재하고 있었다.

내가 나에게 끊임없이 불친절하게 굴고 있었다는 것을 알았을 때, 나는 매우 큰 충격을 받았다. 첫 충격에서 회복한 뒤, 나는 모진 생각들의 뿌리를 찾아 내려가 보았다. 내가 지닌 모든 믿음과 이야기의 실마리를 끝까지 따라가 뿌리를 찾는 일은 중독성이 있었다. 머릿속에 도사리던 생각들을 전부 바깥으로 꺼내놓으니 상쾌했다. 해방된 기분이었다. 정화된 기분이었다. 몇 년 동안 숨기려고만 했던 나의여러 부분을 비로소 또렷이 바라볼 수 있었다. 과식, 과음, 과소비하는 나를 직시할 수 있었다. 내가 인정하기 두려웠던 생각들을 전부 끄집어내 빈 페이지에 적는 일에는 일종의 카타르시스가 따랐다. 퇴마 의식에서 악마의 이름을 부르는 것과 비슷했다. '네가 보인다. 네 이름을 부른다. 이제너는 나를 해하지 못한다.'

그렇게 나는 나에 대해 믿고 있던 이야기들, 내가 학습하고 세뇌당한 믿음들을 마음속 깊은 곳에서 발굴해 근원을 찾아냈다. 근원을 찾는 행위 자체가 나를 치유해 주었다. 내가 과거에 어떤 일을 겪었으며, 나는 그것에 어떤 의미를 두었는가? 똑같은 경험을 하더라도 경험한 사람이 누구인지, 그 경험 전후에 어떤 일이 있었는지에 따라 전혀 다른 의미가 생겨난다. 거부당한 경험을 방향 전환의 기회로 삼는 사람도, 부족함의 명백한 증거로 삼는 사람도 있다. 나는 내가 어떤 일을 겪었고 그것에 어떤 의미를 부여했는지 알아보는 여정에 나섰다.

고된 여정을 마친 뒤 나는 깨달았다. 내가 나에게 지나치게 가혹한 건, 내 마음속이 전쟁터처럼 느껴지는 건, 내 마음속이 안전하지 못하게 느껴지는 건 다 이유가 있었다. 태어났을 때부터 원래 그랬던 게 아니었다. 내 안에는 사회에서 얻은 가르침이 있었고, 과거의 트라우마도 있었다. 어떻게 극복해야 할지 몰라서 내려놓지 못하고 새로운 정체성의 구심점으로 삼은 경험들이 있었다. 나는 어떤 경험들에 필요 이상으로 큰 의미를 부여했다는 걸 깨달았다.

고등학교 시절 나는 한 마디로 '찐따'였다. 쿨한 사람이 되고 싶었고, 인기 있는 애들이랑 친구가 되고 싶었다. 수업 시간엔 다들 친하게 지냈지만 쉬는 시간 종이 울리고 제각기 흩어질 때, 내게 팔짱을 끼고 멋진 애들이 모여 있는 쪽으로 함께 가주는 아이는 없었다. 그 사실을 두고, 나는 내가 거부당했다고 해석했다. 내가 부족하다는 근거라고 생각했다. 나는 내가 다정하고 재미있는 사람이며, 초등학교와 중학교 시절에는 멋진 애들과 친하게 지냈음에도, 내 안에 무언가 중대한 결점이 있다고 생각했다. 그 애들에게 나는 기껏해야 차선이라 여겼다. 나는 여기에 아주 많은 의미를 부여했다.

내가 스스로 부여한 의미는 이윽고 내가 느끼는 고통의 핵심이 되었다. '충분히 괜찮다는 게 뭘까?' 스스로 질문을 던질 때마다 고등학교 시절이 떠올랐다. 제일 친했던 친구들이 여름방학이 지나자 나를 뒷전으로 하고 다른 애들이랑 놀기 시작했을 때 어떤 기분이었는지 떠올랐다. 예전 친구들에게 버림받고 새 친구들을 찾아야 했을 때의 기분. 점심시간에 테이블에 앉으며 이 집단에 내가 받아들여질지 의심하던 때, 뱃속의 무언가 무겁게 가라앉는 느낌. 내가 애절하게 짝사랑했던 남자애가 수업 시간에는 썸을 타다가 복도로 나가는 즉시 나를 투명 인간 취급했을 때의 기분. 내가 선택의 주체가 되지 못하고 단지 주어진 선택지를 받아들여야 했을 때의 심한 고통. 단순히 말해, 선택받지 못한 고통. 용기를 그러모아 그들이 모여 앉은 테이블에 앉을 수도 있었을 것이다. 그러나 그 애들이 나를 원하는지 알 수 없어서 나는 고통스러웠다. 핵심은 그거였다.

여러 해 동안 나는 여기에 지나친 의미를 부여했다.

그 경험이 내 정체성을 만들었다. 나는 일을 그럭저럭 잘 해냈어도 끝내주게 잘하진 못했다. 좋은 작가였지만 특별한 작가는 아니었다. 내가 원하는 우정의 기준을 직접 세우지 못하고 미적지근한 우정을 받아들여야 했던 어린 날의 후유증이었다. 고등학교를 졸업하고 내가 어떤 사람이 되든 상관없었다. 나는 시야에서 사라지자마자 존재감이 사라지는 '웃긴 친구'의 지위에서 벗어날 수 없었다. 나는 중요한 사람도 아니었고, 내가 원하는 삶을 살 수 있는 사람도 아니었다. 인생은 타협의 연속이었다. 내가 원하는 게 뭔지, 내가 결정할 수 없었다. 어차피 간절히 원한다고 해서 얻을 수 없을 테니, 원하는 것 자체가 고통이었다. 내가 가질 수 없는 것을 위해 노력한다고 느낄 때마다, 마음에 화상을 입는 듯했다.

그게 아니라고 증명하고 싶은 마음이 무럭무럭 솟았다. 나는 혼자 앉는 걸 겁내는 찐따 고등학생이 아니라고. 나는 가치 있는 사람이라고. 나도 선택될 수 있다고. 누구든, 무엇이든, 나를 선택해 줄 거라고. 그 모든 감정이 일기장 안으로 쏟아져 나왔다. 일기장은 내게 일종의 지도가 되었다.

어떤 사건이 어떤 믿음으로 이어지는지 드디어 이해할 수 있었다. 이 실을 잡아당기면, 내가 믿고 있던 어떤 정체성 전체가 해지기 시작했다. 이 실을 잡아당기면, 명확한 사실이 나왔다. 이 이야기는 이 뿌리에 닿아 있었다. 나는 그것들을 모두 밝혀냈다. 그리고 그 뿌리를 송두리째 뽑아버렸다.

일기에 아주 내밀한 생각들을 적은 다음, 나는 자문했다. 방금 내가 써 내려간 이 이야기가 정말 진실일까? 저 이야기는? 어떤 이야기들이 내 현실을 만들고 있는 걸까?

혹시, 당신에겐 원하는 삶을 누릴 자격이 없다고 생각하고 있는가? 그렇다면 당신에게 꼭 해주고 싶은 말이 있다. 지금 상태에서 당신이 원하는 삶으로 나아가는 건 거의 불가능하다. **자격은 결과에서 오지 않는다. 시작에서 온다. 오로지 시작하는 데에서 온다.**

내 문제는 '충분히 하지 않는다'가 아니었다. 내 문제는 오해와 착각이었다. 내가 오해하고 있던 '가치'의 문제였다. 내가 착각하고 있던 '자격'의 문제였다. 나는 내 멋대로 지어낸 현실을 계속, 되풀이해서, 거듭 진실이라 믿고 있었다. 어떤 이정표에 다다랐을 때조차, 내가 아직은 부족하며 자격 미달이라고 믿었다. 그때 내 생각은 이러했다. 만일 어떤 목표를 이루었는데도 내가 바라던 자격이 주어지지 않는다면, 내가 정말로 원한 건 그 자격이 아닌 다른 무언가였다. 그래서 나는 아주 많은 걸 이루고 있던 시기에도 아직 너무나 부족하다고 느꼈다. 마음속 깊은 곳에서는 내가 원하는 것을 얻을 자격이 없다고 믿었기 때문이다. 많은 행운이 따랐을 때조차도 나는 여전히 부족하다고 느꼈다.

내 가치를 증명하기 위해 할 수 있는 일은 참 많았다. 정말이지 무궁무진했다. 하지만 그중 무엇도 효과는 없었다. 내가 들여다봐야 할 것은 내면이었다. 내가 신경 써야 할 건 내 안의 신호였다. 지금 나는, 과거의 내가 원했던 모든 걸 얻지 못한 것이 감사하다. 스스로 행복해질 자격이 없다고 믿는 상태에서 원하는 걸 얻었다면, 나는 아마 행복을 받아들이지 못하고 스스로를 파괴하고 말았을 것이다. 실은 전에도 작은 규모로 스스로를 해친 적이 있었다. 이 일이 큰 규모로 번졌더라면 인생이 완전히 망가졌을 것이다. 다행히 그런 일은 피할 수 있었고, 큰 사고를 면한 것에 무척 감사하다.

과거에 나는 내가 살고 싶은 삶을 누릴 자격이 없다고, 내겐 그럴 가치가 없다고 믿었다. 정신이 묘하게 또렷해지는 이른 새벽, 정확히 그런 문장을 일기장에 내 손으로 담담히 적어 내려가다가 나는 불현듯 깨달았다. 새로운 방법을 찾아야 했다. 기존의 방법은 확실히 잘못되었다. 이미 내게 해로운 길을 꾸준히 걸어왔다. 이제 다른 길이 있다는 걸 알았으니, 모른 척할 수 없었다. 깨달음은 선물처럼 다가왔다. 어두운 방에 한 번이라도 불이 켜지면, 두 눈으로 본 것을 잊을 수 없다. 나는 변해야 했다. 다른 사람이 되어야 했다. 귀중한 새 통찰이 비춰준 진실을 손에 쥐고서.

일기를 쓰면서 머릿속의 혼돈을 정리하고 나니, 또 중요한 한 가지를 깨달았다. 나 자신에게 계속 못되게 시비를 걸 필요가 없다는 걸. 나는 나의 내면을 들여다보았다. 그 안으로 천천히 들어가 고통받는 부위들을 껴안아 보았다. 물론 그로써 모든 게 치유되진 않았다. 그러나 내가 오랜 세월 동안 달아나려고만 했던 깊은 상처는 치유되었다. 그 뒤에는 내가 나에게 불친절하게 굴 때마다 깊은 상처가 남긴 흉터가 어렴풋이 느껴졌다. 내가 나를 향해 내는 못된 목소리는 더 이상 정상적인 내 목소리처럼 들리지 않았다. 내가 과거에 고통받았으므로 미래에 즐거움을 느낄 자격이 없다는 말은, 무척 잔혹하게 들렸다. 더는 나 자신을 그런 식으로 학대할 수 없었다. 이젠 그렇게 살 수 없었다.

우리는 자기 성찰을 피하려 혼란스러운 삶을 몇 년이고

감내한다. 성취하고, 축적하고, 충분히 많은 걸 손에 넣으면 된다고 착각한다. 많은 목표를 이루고 많은 사람에게 대단하다는 평가를 받으면 깊은 상처를 치유할 필요를 못 느낄 거라고 착각한다. 그럼으로써 성취를 통해 자신을 들여다보는 일을 피할 수 있을 거라 착각한다.

하지만 깊게 치유받아 본 사람은 누구나 알 것이다. 성찰의 시간은 결국, 기어이 우리를 찾아오기 마련이다. 우리 내면은 의식과는 상관없이 표출될 방법을 찾아낸다. 그 과정에서 다른 사람에게 상처를 주기도, 또는 우리 자신에게 상처를 주기도 한다. 그렇게 생긴 상처는 그냥 사라지지 않는다. 마음속의 잔인함에 숨통을 틔워 줘야 한다. 온전한 치유의 느낌을 얻어야 한다.

당신 역시 이 규칙에서 예외가 아니다. 치유를 회피하고 성취로써 당신의 가치를 인정받는 건 불가능하다. 자꾸 당신이 어딘가 부족하다고 믿게 만드는 상처가 있다면, 삶의 어떤 이정표에 이를 때마다 그 상처는 욱신거리고 아플 것이다. 당신도 이미 겪어본 일일지도 모르겠다. 왜 상처가 욱신거리는지 알아보려 하지 않고, 단순히 새 이정표를 만드는 것으로 대응했을지도 모른다. 당신에게 필요한 건 새로운 목표라고 생각했을지도 모르겠다. '거기까지 가면 기분이 나아질 거야'라고 또 착각했을 수도 있다.

불만족은 동기부여의 수단이 될 수 없다. 불만족은 치유가 필요하다는 신호일 뿐이다.

불만족은 잠시 멈춰서, 당신의 내면을 깊이 들여다보라는 초대다. 이를 여기서 만족하지 말고 더 높은 목표를 세우라는 자극으로 받아들여선 곤란하다. 불만족은 당신의 안에 들어주길 바라는 이야기가 있다고 알려주는 마음의 소리다. 당신이 어둠 속을 더듬어 끝을 찾아내야 할 실이다. 당신에게 관심받길 원하는 문제의 근원이다.

아니, 그게 아니라고 생각하고 있을지도 모르겠다. 계속 앞으로 나아가야 한다고, 계속 성취해야 한다고, 아직 그곳에 다다르지 못했다고. 당신이라는 사람의 가치를 인질 삼아, 당신이 스스로를 증명해 낼 때까지 마냥 노력하는 게 당신에게 맞는 방법일 거라고. 정말로 그렇게 생각한다면, 한 가지 일러주고 싶다. 당신은 지금 당신에게 주어진 힘을 낭비하고 있다. 사회가 주입한 것을 지워내고 스스로의 가치를 찾아내는 건, 당신에게 주어진 힘이다. 당신이 사용할 수 있는 마법이다. 직접 느껴보기 전에는 믿기 어려울 것이다. 지금 당신에게 어느 정도 동기가 있다고 생각하는가? 지금 제법 많은 걸 하고 있다고 생각하는가? 지금 당신이 창조적이라고 생각하는가?

상상해 보자. 무언가를 위해 노력할 때마다 가치를 증명해야 한다는 잡념이 들지 않으면, 어떻게 될까? 지금 이곳의 당신이 이미 가치 있는 사람이라고 믿으면, 어떻게 될까? 당신이 당신 자신에게 친절해지면, 당신의 성취를 진심으로 즐기고 받아들이고 행복해져도 된다고 느끼면, 어떻게 될까? 당신의 삶은 아름답게 펼쳐질 수 있다. 성취 여부는 상관없다. 화려한 순간이 오든 말든 상관없다. 큰 집이 있든 없든 상관없다. 당신의 삶을 느껴라. 창조성의 우물이 시원하게 뚫리는 순간은, 당신이 세운 가혹하고 엄격한 기준을 충족하려고 노력할 때가 아니다. 당신에게 찾아온 영감을 그 자체로 순수하게 환대할 때다. 지금 혹시 스스로 증명하려는 노력 때문에 창조력을 발휘하려 열을 올리고 있는가? 그렇다면 다른 이유 없이 단순히 하고 싶다는 이유로 무언갈 창조하는 순간이 오면 어떨까? 당신의 가치가 조건부에서 벗어나 있다면 어떨까?

그때 당신을 움직이는 동기는 진정한 사랑과 즐거움일 것이다. 경험 그 자체일 것이다. 당신의 마음속은 당신이 추락할 때 받아줄 부드러운 땅이 될 수 있다. 자신에게 친절해져라. 그러다가 인생을 포기하게 되면 어떡하냐고? 그럴 리 없다. 당신이 포기하게 될 건, 오히려 당신을 좀먹고 있던 나쁜 것들이다. 그들을 버리고 나면 내면에 환한 빛을 켜주는 것들을 돌려받을 것이다.

깊은 치유의 길로 나아가라. 당신의 이야기를 이루는 모든 실을 끝까지 따라가 봐라. 그것들이 어디서 왔는지 확인해 봐라. 그리고 머릿속에서 들리는 가혹한 목소리에 반문해라. 당신은 스스로를 괴롭히지 않아도 된다. 당신은 당신의 적이 아니라 든든한 아군이다.

Chapter 06

SNS는 시간 낭비다

소셜 미디어는 현실 세상을 반영한다. 소셜 미디어는 예전이라면 평생 마주치지도 못했을 사람들과 소통하고 배움을 나누는 공간이 되어준다. 놀랍도록 창조적이며 통찰을 주는 공간이기도 하다. 동시에 소셜 미디어는 내가 나에게 품은 최악의 두려움을 확인하러 가는 공간이기도 하다. 마음속 불안에 마지막 하나까지 불을 붙이고, 세상이 정한 이상에 '미달하는' 자신을 벌주는 공간이다.

사람들이 선망하는 삶을 사는 것만으로 생계를 유지하

는 사람들이 있다. 팔로워의 질투를 돈벌이로 삼는 사람들이 있다. 소셜 미디어에는 이런 인물들이 엄연히 존재하며, 앞으로도 존재할 것이다. 하지만 세상의 모든 것이 그렇듯, 당신이 어떤 의도를 갖느냐에 따라 소셜 미디어를 경험하는 방식도 달라진다. 소셜 미디어에 접속하면서 비현실적이고 거짓된 가치를 전시하는 사람들을 찾아내려 하면, 정확히 그런 사람들을 찾게 될 것이다. 그게 과거의 내가 하던 행동이다. 멘털이 제일 약해진 순간에 소셜 미디어에 접속해, 완벽해 보이는 남들의 모습을 보며 아직 부족한 나 자신에게 벌을 주었다. 그게 '동기부여'라고 생각했다. 엄청난 착각이었다.

열망에서 동기가 생긴다고 믿는가? 그 생각부터 버리자. 완벽해 보이는 무언가를 접하면 동기가 생기리라 믿는가? 오히려 당신의 정신을 갉아먹고, 없던 불안을 만들어 낼 뿐이다.

하지만 소셜 미디어를 사용하는 방법은 이뿐만이 아니다. 다른 방법도 있다. 당신이 진정으로 원하는 유형의 삶을 인정받고, 당신이 유능하고 안전하고 강하다고 느끼게 해주는 사람들과 소통하는 수단으로 사용한다면, 소셜 미디어는 세상에서 가장 아름다운 공간이 된다. 소셜 미디어에 접속해 배우고 소통할 사람들을 찾아내려 한다면, 정확히 그런 사람들을 찾게 될 것이다. 반대로 스스로 벌주려는 사고방식으로 소셜 미디어를 사용하면, 정확히 그런 벌을 받게 될 것이다.

소셜 미디어에만 해당하는 말은 아니다. 이 진실은 인생 전반에 해당한다. 나는 아주 최근까지도 이 진실을 거듭 되풀이해 배워야 했다.

어느 토요일이었다. 좋은 소식이 여럿 들려온 한 주를 보내고 맞은 주말이었다. 나는 보통 주말에는 글을 쓰지 않지만, 그날은 집중하는 시간을 갖고 싶었다. 아침을 먹고 샤워를 하러 들어갔다가 불현듯 한 줄기 불안이 들이닥쳤다. 요새는 불안이 그런 식으로 나를 찾아온다. 과거에는 불안이 늘 공기 중에 떠다녔고 자신감을 느끼는 순간이 기억에 남을 정도로 예외적이었지만, 이제 나는 과거와 달리 더는 불안 속에 살지 않는다. 불안은 이따금 나를 방문하지만 오래 머물지 않는다. 그만큼 나는 많이 치유되었다. 이렇게 글로 적을 수 있을 만큼 말이다.

아침을 먹는 동안 나는 인스타그램을 구경했다. 분명히 축하할 일이 많았던 한 주를 보냈는데, 스크롤을 내리면서 자신감은 점점 사라지고 불안이 고개를 들었다. 내 계정의 팔로워 수가 의미 있는 수치에 다다랐다. 그런데 나와 비슷한 작업을 하는 사람은 그 수치에 1년도 더 전에 다다랐다. 그 사람이 업로드한 최신 포스트의 '좋아요' 수는 내 포스트의 3배였다. 내 팔로워 수가 아무리 늘어도, 다른 사람의 팔로워 수가 더 많다. 돈을 아무리 벌어도, 다른 사람이 더 부자다. 내가 아무리 발전해도, 훨씬 더 발전한 사람이 있다. 내가 무엇을 가지고 있든, 더 많이 가진 사람이 존재한다.

바로 그 아침, 나는 이 사실에 한 방 얻어맞은 기분이었다. 내가 무얼 하든 다른 사람이 더 멋지게, 더 인상적인 방식으로, 더 잘 해내고 있다는 것. 나는 괜찮은 한 해를 보내고 있었지만, 나보다 더 좋은 한 해를 보내고 있는 다른 사람이 있었다. 아니, 그런 사람이 많았다. 나는 책을 계약했지만, 어떤 사람은 10만 달러짜리 계약을 따냈다. 나는 온라인 강의로 번 돈이 자랑스러웠지만, 강의로 수백만 달러를 번 사람도 있다. 글을 한 줄도 쓰지 않고서 '좋아요' 백만 개를 받는 사람이 수백 명이다. 나는 틱톡 사용법조차 모르는데, 틱톡 스타들이 존재한다.

내가 잘 살고 있다고 치자. 그렇지만 더 잘 살고 있는 사람들이 너무 많지 않은가? 수치와 재력을 기준으로 삼으면, 그들의 삶이 내 삶보다 더 낫고 더 귀중하다는 반박 불가능한 증거가 있다. 그런데 내가 어떻게 만족할 수 있을까?

이 사고방식으로는 아무리 노력해도 내가 만족할 자격이 있다고 느끼지 못한다. 이대로 만족하면, 나는 최고가 될 수 없다고, 업계 1등이 될 수 없다고, 남과의 비교에서 우위에 서는 일은 없을 거라고 인정하는 셈이다. 물론 나보다 훨씬 못 하는 사람도 있다. 그들에 비하면 내 인생은 근사하다. 책을 계약하지 못한 사람도 있다. 수천 명의 팔로워가 없는 사람도 있다. 네 자릿수의 '좋아요'를 받지 못하는 사람도 있고, 소득이 전혀 없는 사람도 있다…. 이것도 저것도 무엇도 가지지 못한 사람들이 많다.

나는 결코 제일 잘난 사람은 되지 못하지만, 그래도 어떤 사람들보단 나을 것이다. 그렇게 나는 나 자신과 타협한다. '이 집단의 사람들보단 내가 나을 거야. 저 집단보다는 내가 나은 게 확실해. 저 집단만큼은 아니지. 하지만 저 사람들보다는 가진 게 많아. 다음 목표를 이루고 나면 더 부러움을 사겠지. 이 소식을 알리면 내가 지금 질투하는 사람이 나를 질투할지도 몰라. 내가 이 얘기를 하면, 내가 잘 살고 있다고 남들한테 증명할 수 있을 거야.'

이런 생각의 소용돌이에 빠지는 건 순식간이다. 위를 쳐다보고 아래를 내려다보면서 받게 되는 외적 보상 속에서,

그래도 어떤 사람보단 잘 살고 있다는 타협 속에서 나는 길을 잃는다. 그러다 보면 내가 실제로 무엇을 느끼는지에는 무감해진다. 남은 건, 다른 사람이 무엇을 느끼는지다. 정말 눈 깜짝할 찰나에 이렇게 되어 버린다.

평범한 토요일 아침에 샤워를 하고 있었을 뿐이다. 린스를 헹궈내면서 오늘 할 일을 생각하고 있는데 갑자기 불안이 들이닥친다. 적어도 지금은 불안에 뒤덮이는 걸 의식할 수 있는 수준으로 발전했다. 적어도 지금은 불안의 물결 속에서 익사하기 전에 스스로를 건져낼 수 있다.

순식간에 불안의 파도가 나를 감싼다. 말로 불안을 잠재우려 시도해 본다. 불안과 협상해 보려고, 내가 이만하면 괜찮은 사람이라는 증거를 내밀어 보려고 한다. 내가 뭘 이루었는지 떠올려 본다. 내가 지금 질투하는 누군가보다 내가 더 좋은 사람이라고 생각해 본다. 변호사가 된 기분이다. 나는 내가 '괜찮은지'를 논하는 재판에서 승소하려 애쓰고 있다. 구체적인 외적 증거를 충분히 가져가면 배심원들이 나를 '괜찮다'라고 판결할 것이다. '좋아요'를 충분히 받으면, 팔로워가 충분히 많아지면, 칭찬이 듬뿍 담긴 메시지를 충분히 받으면… 나는 그것들을 분류하고 정리해서 법정에 가져갈 것이다.

어쩌다 또 이 자리에 오게 된 건지 알 수 없다. 나는 또 뭔가를 증명하려 안달복달하고 있다. 아직도 뭔가 부족하다고 말하는 내 안의 목소리를 향해 아니라고, 나는 이만하면 괜찮다고 말하기 위해 증거를 수집하고 있다. 남들의 인정을 그러모아 본다. 뭐든 더 많은 것을 찾아내, 마음속 고통을 누그러뜨리려 해본다. 나보다 '잘' 사는 사람들의 흠을 찾아내면 기분이 나아질 것 같다. 다시 한번 나를 남과의 경쟁에 밀어넣은 것이다.

이때 내가 실제로 하는 일은, 내 성장기의 배경이었던 대단히 경쟁적이고 개인화된 문화에 힘을 실어주는 것이다. 나는 불 난 데 부채질을 하고 있다. 더 많이 순응하고 있다. 아뿔싸, 또 게임에 참여하고 말았다.

그러다가 나는 가까스로 기억해 낸다. 이 게임은 내가 이길 수 없는 게임이라는 사실을. 이길 수 없도록 설계된 게임에서 내가 이기려 아등바등하고 있다는 사실을.

소셜 미디어는 세계를 반영하는 소우주다. 사람들은 마치 오프라인에서의 자아와 온라인에서의 자아가 별개인 것처럼 행동한다. 오프라인에서 절대 하지 않을 말을 온라인에서 서슴없이 내뱉곤 한다. 하지만 그렇다고 해서 그들의 생각과 감정이 온라인에서만 존재하는 건 아니다. 소셜 미디어는 익명성으로 인해 많은 사람에게 배출구 역할을 한다. 그렇기에 우리의 문화가 무엇에 신경 쓰는지, 가치 체계가 어떤지, 사람들이 남들과 자기 자신에 대해 어떻게 느끼는지를 여실히 보여준다. 남을 잔인하게 비판하는 사람은, 분명 자신에게도 똑같이 잔인하게 굴 것이다. 불관용과 혐오는 내면에서부터 시작한다. 마치 안에서부터 퍼져나가는 독과 같다.

소셜 미디어에서 나는 나 자신을 남들과 비교하며 초라하고 부족한 사람이 된 기분을 느낀다. 이 기분은 오프라인에도 전이된다. 온라인 문화에 길든 내 모습이 드러나는 것이다. 게임에서 이기려 애쓰는 나. 내가 남보다 나으니까 괜찮은 사람이라고 믿는 나. 인생이 경쟁이라고 생각하는 나. 최고와 최악, 좋고 나쁜 것이 정해져 있으며 양쪽 중 어딘가에서 내 자리를 찾아야 한다고 믿는 나. 세상은 우리에게 그런 이분법을 가르친다. 숫자들은 절대적으로 느껴진다. 숫자 자체에 가치가 있는 것처럼 느껴진다. 하지만 **숫자는 세상의 방식에 순응하는 사람에게만 가치가 있다.** 자신이 이미 길든 것들, 자신이 사회에서 배운 것들에 의문을 품지 않는 사람에게만 의미가 있다.

실은 '괜찮다'는 것 자체가 모호한 개념이다. 자, 이제 패턴이 보일 것이다. 우리가 손에 넣으려 애쓰는 모든 것은 그 형태가 흐릿하며 정의가 불가능하다. 그들은 일부러 그렇게 설계되었다. 미로의 끝이 보이지 않으면, 계속 미로 속을 걷게 된다. 이기려고, 알아내려고, 존재하지 않는 출구를 찾기 위해 힘닿는 한 무엇이든 하려고 노력하면서.

내가 습관적으로 비교했던 대상은 나보다 팔로워가 10만 명 더 많은 사람이었다. 그런데 그녀보다 팔로워가 60만 명 더 많은 사람도, 그 둘을 합친 것보다 팔로워가 수십만 명 더 많은 사람도 있다.

남들을 따라가려 애쓰는 건 피곤하다. 정의할 수 없는 개념의 정의를 찾으려 애쓰는 것도 피곤하다. '괜찮아지기' 위해 계속 바뀌는 목표를 따라가려 애쓰는 것도, '괜찮은' 사람이 되는 게 뭔지도 모르면서 애쓰는 것도. 손에 닿을 듯 가까웠다가 금세 지평선 너머로 사라져 버리는 가상의 결승선을 향해 달음박질을 치는 것도.

그런데도 우리 모두, 온라인과 오프라인에서 스스로 이 게임을 벌이곤 한다. 눈에 보이지 않는 어딘가에 '이만하면 충분한' 지점이 존재한다고 믿고, 그곳을 찾아 나선다. 충분한 돈이란 얼만큼일까? 충분히 팔로워는? 충분한 성취는? 충분한 친구는? 충분한 칭찬은? 충분히 그럴듯한 업적들은? 대체 언제쯤이면 모든 게 충분하게 느껴질까?

요즘, 강렬한 불안감에 사로잡힐 때마다 머릿속에 한 장면이 떠오른다. 나를 고유한 존재로 만드는 내 안의 모든 아름다운 부분이, 색색의 실처럼 내게서 빠져나가 다른 사람에게로 옮겨가는 장면이다. 실들은 산산이 흩어진다. 더는 내 것이 아니다. 나는 내 색깔을 잃는다. 서서히 흑백이 된다. 내 안은 이제 공허하다. 이길 수 없는 게임에 참여하지 않겠다고 다시금 결심할 때, 나는 잃었던 실들을 다시 모아 내게로 가져오는 상상을 한다. 그러면 다시 마음이 충만해진다.

소셜 미디어는 보이지 않는데 이길 수도 없는 게임을 구현한 완벽한 소우주다. 마음의 평화를 모조리 잃어버리기에 딱 좋은 곳이다. 누구나 소셜 미디어가 우리의 안정감과 정신건강과 자존감에 유해하다는 건 안다. '괜찮음'의 경지에 올라가기 위해 노력하고 증명하고 충분한 인정을 수집하라고 우리에게 박차를 가하는 많은 자극처럼, 소셜 미디어도 이길 수 없도록 설계되었기 때문이다.

그럼에도 불구하고 나는 야망이 크다. 그럼에도 불구하고 나는 내 글이 아주 많은 사람에게 읽혔으면 좋겠다. 그럼에도 불구하고 내 예술은 내게 크나큰 기쁨과 즐거움을 준다. 그럼에도 나는 동기를 잃지 않았다. 그럼에도 나는 이 세상과 나 자신에게 주고 싶은 게 여전히 많다.

그래서 과거의 나는, 너무 쉽게 이길 수 없는 게임에 빠져들곤 했다. 나만의 고유한 색을 포기해 버리곤 했다. 나는 너무 오랫동안 괜찮은 사람이 되길 절실히 원했다. 괜찮음의 정의가 아무리 모호하든 상관없었다. 어떻게든 내가 괜찮다는 느낌을 받고 싶었다. 약속의 땅에 가고 싶었다. 마침내 그곳에 이르고 싶었다.

오늘의 나는, 야망을 포기하지 않았다. 이길 수 없는 게임에 참여하지 않고서도 야망을 추구할 길이 있냐고? 있다. 나는 불만족하기를 거부한다. 나는 미래의 꿈과 현재의 삶 사이의 균형을 잡고자 노력한다. 현재 내 삶에 대한 혐오를 연료 삼아 꿈을 좇지 않는다. '소셜 미디어에서 본 저 사람처럼 되면 나도 썩 괜찮을 거야'라는 생각이 들기 시작하면, 나는 그 생각이 발전해서 그럴듯한 이야기가 되기 전에 막는다. 그것이 내면의 믿음이 되기 전에 저지한다.

나는 이 게임을 하고 싶지 않다. 아니, 정확히 말하겠다.

나는 이 게임을 할 수 없다. 하지 않을 것이다.

어쩌다가 고통스러운 믿음이 생겨나면, 내게 고통을 주는 것에 대한 사고방식을 바꾸는 과제에 즉시 착수한다. 우

Chapter 06 SNS는 시간 낭비다

리는 내면에서 들려오는 이야기를 반박 불가능한 진실로 믿곤 한다. 그러나 내면의 이야기는 보통 논리적 검증을 거치지 않은 사회의 가르침에 지나지 않는다.

소셜 미디어를 놓고 나에게 기로의 순간이 있었다. 소셜 미디어에 대한 사고방식과 접근법을 바꾸든가, 소셜 미디어를 아예 그만두든가. 둘 중 하나였다. 다른 선택지는 없었다. 더 이상 나 자신을 해하고 싶지 않았다. 내 야망이 내 안녕보다 더 커지게 놔두고 싶지 않았다. 이제 **내게 괜찮은 사람이라는 자격을 부여하는 존재는 세상에 없다.** 그런 게 존재한다는 생각 자체가 유해하다. 내게 쉼 없이 고통을 가하는 사고방식으로는 더 이상 살아갈 수 없었다.

그래서 나는 사고방식을 바꾸어야 했다. 말은 쉬워보이지만 실행하긴 상당히 힘들었다. 지금부터 내가 어떻게 사고방식을 바꿨는지, 이길 수 없는 게임에 참여하려는 습관이 다시 튀어나올 때 어떻게 하는지 알려주려 한다. 예기치 못한 불안에 습격당하지 않았을 때, 나는 소셜 미디어에 대해 이렇게 생각한다.

소셜 미디어의 '부정적' 측면에 집중할 수도 있다. 남과의 비교, 그럴듯한 삶을 전시하며 질투심을 자극해 돈을 버는 사람들, 불가능한 기준들. 그것들은 전부 엄연히 존재한다. 소셜 미디어에도 존재하고, 다른 곳에도 존재한다. 내가 어딜 가든 그것들은 이 세상에 꾸준히 존재한다. 그러나 거기서 영향을 받을지는 내가 정하는 것이다. 그 모든 것에 내가 어떻게 반응할지는 내가 정하는 것이다. 그게 나의 힘이다. 그 힘은 당신에게도 있다.

한편으로는 즐거움과 배움과 낙관이 존재하는 소셜 미디어의 또 다른 부분으로 눈길을 돌릴 수도 있다. 지금 내게 맞는 사람들을 팔로우하면, 소셜 미디어 밖에서는 볼 수 없었던 사고방식과 삶의 기회들을 볼 수 있다. 눈에 보이는 것은 중요하다. 눈에 보이지 않으면, 무엇이 가능한지 알기 어렵다. 나는 소셜 미디어에 접속해서, 영감을 주는 방식으로 살아가는 여성들의 모습을 얼마든지 찾아낼 수 있다. 대형 미디어에서는 문지기에게 가로막혔을 목소리들이 소셜 미디어에서는 있는 그대로 전달된다. 그러니 소셜 미디어는 내가 영감을 얻고, 배우고, 남들의 모습을 보는 동시에 세상에 내 모습을 드러낼 수 있는 공간이다.

나는 아주 오랫동안 내가 아웃사이더라고 느꼈다. 내가 남들보다 어딘가 과하다고, 너무 감정적이라고, 너무 예민하다고 느꼈다. 그러나 소셜 미디어에서 나 같은 사람들이 많다는 걸 알게 되었다. 매사에 신경을 많이 쓰는 사람들,

깊게 생각하는 사람들, 더 나은 세상을 꿈꾸는 사람들. 그래서 나는 훨씬 덜 외로워졌다. 훨씬 용감해졌다. 나는 소셜 미디어가 없었더라면 얻지 못했을 목소리를 스스로 얻어냈다.

치유되지 못했을 때 바라본 소셜 미디어는 경쟁이 난무하는 공간처럼 느껴졌다. 치유되어 자유를 얻은 지금, 소셜 미디어는 아름다운 협력의 공간 같다. 너무 오랫동안 침묵당한 목소리들이 소셜 미디어 안에서 예술과 배움을 엮은 아름다운 패치워크를 완성해 낸다. 이는 선택되길 기다리지 않고 스스로 자신의 기회를 만들어나간 이들의 작품이다. 온라인에 당신만의 작품을 올릴 때, 당신은 스스로를 선택하는 것이다. 소셜 미디어가 탄생하기 전엔 남들에게 선택받길 마냥 기다려야 했다. 스스로를 선택한다는 건 불가능했다. 우리는 10년 전만 해도 이렇게 다양한 언어와 예술을 접할 수 없었다. 문지기들에게 선택받은 소수를 볼 수 있었을 뿐이다.

가장 자유로울 때, 나는 소셜 미디어라는 협력의 패치워크에 나 역시 무언가를 보태고 있다고 느낀다. 나는 온 세상 사람들과 소통한다. 내 글을 수많은 사람에게 보여준다. 내 글을 공유하기 위해 누군가에게 허락을 받을 필요가 없다.

어떤 잡지나 신문사의 고위직 백인 중년 남성에게 내 말이 중요하다는 인정을 받을 필요도 없다. 나의 가치를 결정하는 건 나 자신이다.

나는 인터넷 덕분에 커리어를 쌓았다. 대학 시절엔 상상조차 못 했던 커리어를 갖게 되었다.

소셜 미디어를 싫어할 이유는 차고 넘친다. 변하거나 개선되어야 할 부분이 없다고 말하려는 게 아니다. 다만 우리가 이에 접근하는 방식을 언제든 바꿀 수 있다는 점을 말하고 싶다. 나쁜 결과를 보고 거기에만 집중하면, 그쪽에 더 큰 믿음과 무게가 실린다. 그렇게 무언가의 가장 나쁜 면이 가장 진정한 면이라고 믿게 된다.

그러지 않을 수 있다. 반대로 행동할 수 있다. 좋은 결과를 보고, 거기 집중할 수 있다.

세상의 모든 것에는 장단점이 있다. 완전히 좋거나 나쁘기만 한 건 없다. 결국 이건 우리가 어느 쪽에 집중하는지의 문제다. 우리는 단점에, 부정적인 면에, 잘되지 않는 부분에 제일 무게를 싣는 버릇이 있다. 그러면서 감정적으로 힘들어한다. 나도 그랬다. 나는 예민했고 비관적이었다. 내 슬픔이 언제나 내 행복보다 진실하다고 믿었다. 내 분노가 내 즐거움보다 더 중요하다고 믿었다. 긍정적인 태도는 기만이라

　　　　　　　Chapter 06　SNS는 시간 낭비다

고 생각했다.

나는 '항상 밝은 분위기를 풍기는' 사람은 되지 못한다. 지금도 마찬가지다. 하지만 지금은 내가 어떤 분위기를 띠든 상관없다고 생각한다. 소셜 미디어의 부정적인 면을 보되, 긍정적인 부분을 선택할 수 있다. 어려운 감정을 돌보되, 항상 평온한 시작점으로 돌아갈 수 있다. 내 모든 감정을 인정하고 보듬으면서도, 그중 내 기분을 좋게 하는 감정들만 내 정체성으로 채택할 수 있다. 나 자신을 비판할 때도 있지만, 항상 그보다 더 많이 격려한다. 분노가 일면, 그것이 긍정적인 행동으로 이어지도록 한다. 내 감정이 다음 발자국을 내딛는 연료가 되게끔 한다. 내가 어디에 집중할지 결정하는 건 나 자신이다.

오늘 아침 나를 찾아온 것과 같은 불안을 뚫고, 나는 치유로 나아간다. 불안에 귀를 기울인다. 그것을 부정하거나 회피하는 대신, 이 글에 이용했다. 불안을 이 글을 쓰는 연료로 삼았다. 이게 내가 느끼는 평화다. 몸을 내던져 내 삶의 조류에 맞서기 보다는, 인생의 흐름에 살포시 올라타는 것.

내가 어디에 집중할지 결정하는 건 내 힘으로 가능하다. 같은 경험이라도 나를 산만하게 만들거나, 어떤 감정을 일으키거나, 치유될 기회를 줄 수 있다. **내가 그중 어디에 무게를**

싣는지는 내가 결정한다. 그게 내가 가진 힘이다. 당신이 가진 힘이기도 하다.

자꾸만 스스로를 해치지 않아도 된다. 당신 삶의 어떤 면이 날카로운 단검처럼 느껴진다면, 날을 뭉툭하게 만들어라. 사고방식을 바꾸어라. 그 부분에 얼마나 집중할 것인가? 그것은 얼마나 중요한가? 생각을 바꾸자. 우리는 너무자주 이 변화의 힘을 포기해 버린다. 우리가 그토록 강하다는 걸, 우리의 정신이 이렇게 격렬하다는 걸 우리는 모른다. 알더라도 자주 잊는다.

소셜 미디어 계정에서 모든 팔로잉을 취소하고, 당신에게 가장 긍정적이고 영감을 주는 사람만 다시 팔로우하는 것도 방법이다. 다른 관점에 노출되는 것만으로 세계관이 대번에 달라진다. 정말 쉽고도 강렬한 변화 아닌가? 우리는 자신을 부정적으로 평가하고 자신을 괴롭히는 데 익숙한 나머지 이렇게 쉬운 발걸음을 내딛지 않는다. 우리의 삶을 상대적으로 초라해 보이게 만드는 셀레브리티와 인플루언서를 팔로우한다. 질투가 우리에게 동기를 불어넣어 주리라 기대한다. 그러나 질투는 우리 내면에 단절을 불러올 뿐이다.

자해를 멈춰라. 변화는 거기서부터 시작된다. 당신의 마음은 당신이 기댈 언덕이 되어야 한다. 거의 모든 것이 마음먹기에 달렸다. 어떤 상황이든 우리가 원하는 방식으로 해석할 수 있다. 같은 경험에 전혀 다르게 반응할 수 있다는 것, 놀랍지 않은가? 생각만 바꾸면 된다. 쉽지는 않다. 하지만 불가능하지도 않다. 노력할 가치가 있는 건 물론이다.

당신을 긍정하는 생각들을 선택할 수 있다. 영감을 주는 사람을 선택할 수 있다. 당신의 삶을 전혀 다른 렌즈를 통해 볼 수 있다. 전부 당신에게 가능한 선택지다. 당신에겐 이런 선택을 할 힘이 있다. 그 힘을 발휘하지 않으면 당신에게 손해다.

현실을 만드는 주체는 당신의 마음이다. 소셜 미디어에는 소비하고, 해석하고, 영감을 얻을 현실의 여러 버전이 존재한다. 그중 당신의 기분을 좋게 하는 현실을 선택하기 시작함으로써 너무나 많은 것이 달라질 것이다.

'괜찮다'는 건 손에 잡히지 않는 개념이다. 손아귀에 잡히는 듯하다가도 손가락 사이로 스멀스멀 빠져나가 버리는 모래 같다. 당신이 정말로 할 수 있는 유일한 일은, 괜찮아지려 애쓰지 말고 지금 당신의 삶을 고민할 필요조차 없이 멋진 삶으로 느끼는 것이다. 다른 사람의 삶이 더 낫다고 지레짐작하며 당신이 가진 힘을 포기하지 마라. 당신이 남의 삶에 대해 뭘 얼마나 아는가? '더 낫다'는 말의 의미는 무엇에 근거하는가? 모든 것을 의심하고 질문해라. 자동으로 떠오르는 생각들을 경계해라. 당신이 소비한 것은, 결국 당신을 지배한다.

그러니 반드시 가장 좋은 글을, 예술을, 영감을 소비해라. 당신의 기분을 좋게 하는 것들을 소비해라. 분명히 당신에겐 그럴 자격이 있으니까.

마음을 완전히 바꿔도 좋다. 힘을 되찾자. 당신에게 주어진 강력한 힘, 그것만큼은 절대 포기하지 마라.

Chapter 07

수치심이라는 동기부여

우리는 무의식 중에 수치심을 변화를 일으킬 동기로 삼는다. 되고 싶은 사람이 되기 위해, 무언가를 증명하기 위해 노력할 연료로 수치심을 활용하는 것이다. 수치심은 우리 귀에 대고 '이렇게 해야만 해'라고 쉬지 않고 속삭인다. '더 잘 살아야 해. 더 좋은 몸매를 지녀야 해. 쉬지 않아야 해. 저 사람처럼 노력해야 해.'

수치심이 훌륭한 동기부여가 된다고 말하는 사람들은 나름의 논리를 가지고 있다. 어떤 일을 반드시 해야 한다는 마음의 소리를 들으면, 그 소리를 잠재우기 위해 정말로 그 일을 할 동기가 생겨난다는 것이다. 살을 빼면 몸매가 형편없다는 수치심은 사라질 것이다. 외적으로 성취를 이루면 인생이 잘못 흘러가고 있다는 수치심은 사라질 것이다. 무언가를 손에 넣으면, 무언가를 가지지 못했다는 수치심은 사라질 것이다.

이 논리를 요약하면 이러하다. '외부의 무언가를 쟁취하면, 내면의 아우성도 조용해질 것이다.' 이렇게 적고 보면 분명해진다. 이 말이 사실이 아니라는 게.

수치심은 참으로 교활하다. 우리를 좋은 변화로 이끄는 시늉을 한다.

하지만 수치심은 진정한 동기가 될 수 없다. 수치심은 위장일 뿐이다. 잘못된 믿음이다. 자기혐오를 느끼거나, 그 느낌이 잘못됐음을 증명하려 노력하는 사람은, 자기도 모르게 하나의 서사를 지어낸다. 이 서사에선 자존감도, 자기 가치도, 자신에 대한 사랑도 힘써 얻어내지 않으면 가질 수 없다. 이런 서사는 단기 목표를 세우고 당장의 성과를 거두기 위한 동기가 될 수는 있다. 하지만 자신이 어딘가 부족하다는 내면의 믿음을 궁극적으로 바꿔 주지는 못한다. 자기 자신에게 거듭 들려주는 이야기를 새롭게 써주지는 못한다.

수치심이 실제로 동기를 주기도 한다. 수치심이 실제로 효과를 발휘할 때도 있다. 그토록 많은 사람이 수치심 전략을 택하는 데에는 분명 이유가 있다. 삶에 기분 나쁘게 스며들어 우울감을 안기는 수치심에서 벗어나기 위해 우리는 행동하고, 쟁취하고, 바쁘게 움직인다. 한동안은 효과를 보인다. 수치심은 잠시 자취를 감춘다. 하지만, 그건 눈속임일 뿐이다. 정말로 집중해서 직면하기 전까지 수치심은 수면 아래에서 세력을 불린다. 뿌리째 뽑아버리고 완전히 정체를 까발리기 전까지, 수치심은 몇 배로 불어난다.

수치심이 잠깐의 효과를 줄 수 있다. 하지만 그보다 더 나은 방법도 있다. 수치심을 있는 그대로 직시하는 것. 그리고 다른 긍정적인 무언가를 지향하는 것. 이쪽이 훨씬 효과가 좋다.

앞서 적었듯이 나는 내 몸을 받아들이고 사랑하기 위해 20여 년을 고군분투했다. 팝스타 시대에 성장기를 보낸 나는 미처 10살도 되기 전에 미의 기준을 완전히 내면화했다. 납작한 배, 금발, 언제나 날씬한 몸. 그게 아름다움의 조건이었다. 20대에 들어섰을 즈음 자기 몸을 긍정해야 한다는 메시지들이 차츰 등장했지만, 지금처럼 주류 담론은 아니었다. 그렇게 나는 내 몸을 혐오하는 법을 배웠다. 엉망진창인 내 몸. 날씬한 친구들만큼 대사하지 못하는 내 몸. 내가 점심으로 당근 스틱과 밍밍한 칠면조 고기만 먹는 동안, 나랑 제일 친했던 날씬한 친구는 빅맥을 해치우고 방과 후엔 시리얼 한 그릇을 뚝딱 먹었다.

수치심은 내게 고향처럼 친숙하게 느껴졌다.

나는 초등학교와 중학교 시절 내내 몸무게 때문에 놀림을 당했다. 10살 때 생애 첫 번째 다이어트를 시작했다. 고등학생 때는 남자친구를 사귀지 못했고, 불안에 사로잡혀 지내느라 학업에도 게을러졌다. 아무렇게나 방치된 내 몸을 남에게 보이느니, 그림자 속으로 추방되고 싶었다. 고등학교 시절은 내게 그저 끝없는 소음들의 연속으로 기억된다. 나는 완전히 무너져서 사회가 전달하는 모든 메시지를 철석같이 믿었다. 나는 매력적이지 않았고, 남들보다 모자랐다. 내 몸은 결코 사랑받을 수 없는 상태였다. 나는 영영 사랑받지 못할 게 분명했다.

대학에 가기 직전 여름 나는 하루도 빠짐없이 매일 4시간씩 운동을 했다. 입에 넣는 음식은 한 조각도 놓치지 않고 관리했다. 다이어트를 시도한 건 그게 처음도, 마지막도 아니었다. 하지만 그해 여름의 다이어트가 특별했던 건, 내게 동기가 있었기 때문이었다. 주변 사람들 모두 나를 자랑스러워했다. 몸무게가 줄고 있었고, 몸매도 달라졌다. 고등학교를 졸업하고 대학에 들어갈 때까지 나는 체중 10킬로그램을 감량했다. 나는 새로운 삶을 꿈꿨다.

개강하고 맞은 첫 주말에 내가 제일 먼저 한 일은 술을 진탕 마시고 내게 관심을 보이는 남자와 잠자리를 가진 것이었다. 그때 내 체중은 81킬로그램이었다. 이 숫자를 기억하는 건, 그 뒤 내가 몇 년 동안이나 이 숫자에 집착하며 살게 되기 때문이다.

대학에 들어간 나는 새로 태어난 기분이었다. 달라진 몸매가 내 안의 무언가에 박차를 가한 듯했다. 나는 고향에서의 나와는 아예 딴판인 사람이 되겠노라 결심했다. 유쾌하고, 시원하고, 매력적이고, 남들 눈에 탐나는 사람이 되고 싶었다. 내 친구들처럼. 내가 이번 생엔 되지 못하리라 생각한 그들처럼. 내 몸매 때문에 되지 못했던 그들처럼 되고 싶었다.

그렇게 대학에 입학한 첫해에 나는 천 번쯤 나 자신을 잃었다. 고등학교 시절 놓친 경험을 내 나름대로 보상하는 중이었다. 파티에 참석했고, 술을 마셨고, 남자와 눈이 맞았고, 욕망의 대상이 되는 걸 즐겼다. 유년기부터 내 머릿속은 내 몸에 대한 불안의 소리로 시끄러웠다. 그 소리가 잠잠해

지니 흐릿하게나마 삶을 경험할 수 있게 되었다.

가을 학기 초에 어떤 파티에 갔던 기억이 난다. 모두 술을 마시며 웃고 떠들고 분위기를 즐기고 있었다. 나는 소파에 앉아 초코칩 쿠키를 뚫어지게 노려보며 먹지 않겠다는 의지를 다지고 있었다. 쿠키를 먹고 싶은 마음에게 나는 관대하지 못했다. 그걸 먹고 싶어 하다니, 스스로 역겹다고 생각했다. 먹지 말아야 한다고, 그러면 모든 걸 잃게 된다고, 다시 모자란 사람이 되어 버린다고, 아직 쿠키를 먹을 자격이 없다고 생각했다. 파티는 즐겁게 흘러가는데 나는 나 자신만의 세계에 갇혀 쿠키와의 대결을 펼치고 있었다. 수치심이 일었다. 내 안에는 여전히 굶주림이 도사리고 있었다. 자유롭고 싶은 소망과 자유를 택했다가는 다시 세상이 혐오하는 몸매를 갖게 된다는 사실, 그 사이에서 나는 어쩔 바를 몰랐다. 그날 밤 유혹을 이기고 쿠키를 먹지 않은 나에게 변태적으로 기뻐했던 기억이 난다. 수치심에는 효력이 있었다. 수치심은 내가 쿠키를 먹지 못하도록 저지했다.

시간이 흐르며 나는 대학 생활을 제대로 즐기게 되었다. 바빠졌다. 일자리를 구했고, 수업에 갔고, 친구를 사귀었다. 그러면서 마음가짐이 해이해졌다. 운동하는 시간이 줄었다. 먹는 것에 대한 경계도 느슨해졌다. 여름 동안 감량한 체중이 다시 제자리를 찾는 건 금방이었다. 언제부턴가 체중계 위에 올라가기를 멈췄다. 마음속에서는 수치심이 귀가 먹먹할 정도로 커다랗게 소리치고 있었다. 그 소리를 잠재우기 위해 나는 술을 마셨고, 공연히 바쁘게 돌아다녔고, 습관처럼 하룻밤 상대를 물색했다.

체중이 더 늘면서 나는 해로운 수치심의 악순환에 빠지게 되었다. 그 악순환에서 벗어나는 데 10년이 넘게 걸렸다. 내가 빠진 악순환은 이랬다. '내 몸이 싫고 수치스럽다. 몸매를 바꿔야 한다. 수치심에서 도망치고 싶어 몸매를 가꾸기 시작한다. 수치심이 잠시 사라지고, 나도 행동을 멈춘다. 여전히 내 몸이 싫고 수치스럽다.'

나는 글쓰기에서도 똑같은 악순환을 반복했다. 내가 글을 많이 쓰지 못하는 게 수치스러워서, 며칠 연속으로 몰아서 글을 쓴다. 그러면 수치심은 잠잠해지고, 나는 글쓰기를 멈춘다. 조금 지나면 수치심이 돌아온다. 이 악순환에는 중독성이 있었고, 나는 다른 방법을 알지 못했다. 나는 무의식적으로 이 악순환에 효과가 있다고 생각했던 것 같다. 내가 '해야 한다'고 생각한 모든 일을 똑같은 악순환에 빠뜨렸으니까.

수치심은 내 동기였다. 수치심은 내 유일한 동기였다. 나는 수치심에 점점 더 의존하고 있었다. 수치심이 사라지면 내가 모든 걸 포기한 채 게을러지고, 퍼질러 지낼 것 같았다.

그로부터 몇 년 뒤, 다른 무엇도 아닌 행복만을 목표로 세우고 내 내면을 가만히 들여다보며 나는 깨달았다. 이제는 수치심의 악순환에서 벗어나야 했다. 수치심이 자극한 행동이 꾸준히 지속되는 일은 결코 없었다. 그 행동은 나 자신을 만족시키기 위한 게 아니라, 내 안의 깊고 넓은 수치심을 잠깐 잠재울 임시방편에 불과했다. **수치심으로부터 채찍질 당할 때, 나는 내가 좋아하는 방향으로 나아간 게 아니었다. 수치심에서 달아난 것뿐이었다.**

많은 사람이 과거의 나처럼 행동하고 있다는 걸 안다. 수치심에 쫓기는 습관이 이미 무의식적으로 몸에 배어 알아차리지 못할 뿐이다. 우리는 수치심의 악순환에 의문을 품지 않는다. 여러모로 효과가 없는 건 아니니까. 사람들은 수치심에서 달아나는 데 많은 시간과 노력을 쏟는다. 그러면서 동기가 생겼다고 착각한다. 우리는 성취를 통해 무가치한 기분에서 벗어나려고 노력한다. 세상이 참으로 단순한 공식으로 돌아간다고 믿는다. 저기까지만 가면, 나 자신에 관한 수치심은 사라질 거라고.

하지만 달아난다고 해서 수치심이 치유되는 건 아니다.

수치심은 있는 그대로 직면하고 처리해야 하는 감정이다. 회피는 도리어 수치심을 강화한다. 우리의 몸을 움츠러들게 만드는 수치심은 정확히 겨누기도, 정체를 밝히기도 어렵다. 다들 수치심을 인정하기 어려워한다. 수치심은 우리를 기분 나쁘게 한다. 우리는 수치심을 느낀다는 사실에 수치심을 느낀다. 또 한 번 악순환이 일어난다. 수치심을 느끼는 게 수치스러워서, 수치심은 더 커진다.

나는 기분 좋게 살기로 마음먹은 뒤 수치심의 악순환에서 벗어났다. 그러자 더 이상 무언가를 증명하거나 쟁취하려 애쓸 필요가 없었다. 수치심 자체에 초점을 맞추니, 수치심의 악순환이 멎었다. 수치심을 있는 그대로 마주하자, 수치심이 사라졌다. 나는 내 몸에 어떤 힘을 부여하는가? 내 몸에 대해 어떤 이야기를 믿고 있는가? 내 몸에 대한 수치심은 어디서 왔으며, 나는 그것을 어디서 받아들였는가? 내 몸이 나쁘고 잘못되었다고 말하는 사람은 누구인가? 내 몸과의 관계를 바꾸는 건 내 의무가 아닐까? 어릴 적 내게 일어난 일은 바꿀 수 없지만, 지금 내가 나를 이해하는 방식은 스스로 통제할 수 있다. 지금 내가 내 몸을 보는 관점은 통제할 수 있다. 나는 내 몸을 수치스럽게 느끼기를 거부했다. 이제 내게 수치심은 아무 짝에 소용없었다. 어떤 해법도 주지 못했다. 더 이상 동기조차 되지 못했다. 수치심이라는 모래에 발목까지 빠진 채 허우적거리며 사는 일을 슬슬 그만두고 싶었다. 그래서 나는 세상이 내 몸에 대해 해온 말들을 더 이상 믿지 않기로 했다. 그 대신 나 자신의 진실 안에서 살기로 선택했다.

내 인생에서 바꾸고 싶었던 여러 측면에 대해서도 똑같이 행동했다. 빚을 청산하고 재정적 자유를 얻는 것에 대해서. 규칙적으로 글을 쓰는 것에 대해서. 이제 수치심은 내게 변화할 동기가 되지 못한다. 내가 인생에서 변화를 만들어나가는 건 나 자신이 수치스러워서가 아니다. 외적인 무언가를 바꾸면 수치심이 눈 녹듯 사라지리라 생각해서도 아니다. 내가 내 인생에서 어떤 일을 하는 건, 단순히 나 자신을 사랑해서다. 나에 대한 사랑은 수치심이 불어넣은 동기보다 훨씬 강력하다.

그게 내가 찾은 새로운 동기부여 비법이었다. 과거엔 '거지 같은 기분을 느끼지 않도록' 무언가를 하겠다는 만트라를 읊었지만, 그 만트라는 갈수록 효과가 시원찮았다. 수치심이 드리우는 베일을 걷어내자 거기에 깃든 힘도 함께 사라졌다.

그렇다. 우리 눈에 베일을 드리워 진실을 가리는 것, 그게 수치심이 작동하는 방식이다. 수치심은 진실을 가림으로써 우리가 느끼는 두려움을 증폭시키고, 현실 감각을 잃게 만든다. 수치심은 방향 감각을 앗아간다. 모든 것을 왜곡시킨다. 그래서 수치심을 있는 그대로 직면하면 우리는 자유를 얻는다. 수치심은 진실을 싫어하므로.

수치심이 당신에게 동기를 준다고? 글쎄, 진실은 한 단계 높은 차원에서 당신을 완전히 바꿔놓을 것이다. 수치심에 이별을 고하고, 나는 진실하고 좋은 것을 향해 나아가기로 선택했다. 내 몸과 화해하는 자유에 집중했다. 빚이 없는 자유에 집중했다. 빈 페이지에 글을 채워나가는 느낌에 집중했다. 그렇게 나는 멋진 것들을 목표 삼아 나아가게 되었고, 과정에서 귀중한 교훈을 얻었다.

수치심에 사로잡혀 있던 시기에 나는 가끔 한 번씩 억지로 운동을 했다. 수치심에서 달아나고자 컴퓨터 앞에 앉아 토막글을 썼다. 수치심을 동기로 삼고 있던 시기에, 나는 10년 동안 신용카드 한 개에 쌓인 빚을 청산했다. 하지만 수치심의 뿌리를 뽑고, 좋은 것을 목표로 삼아 달려 나가자 그때부터 인생이 놀랍고도 아름답게 펼쳐지기 시작했다. 가히 폭발적인 확장이었다.

이제 내가 운동하는 이유는 수치심을 느낀 나를 벌주기

위해서(혹은 날씬하지 못한 내 몸을 벌주기 위해서)가 아니라, 내 건강을 위해서다. 과거에는 수치심을 덜어줄 만한 새로운 운동요법을 찾아 헤맸다. 최대한 빠르게 살을 빼줄 비법을 원했다. 그러다 내 몸에 느끼는 수치심과 이별하자, 내가 제법 운동 신경이 있고 몸을 움직이는 걸 즐긴다는 사실을 알게 되었다. 수치심 때문에 몸을 드러내고 활동하지 못한 지난 세월이 아깝게 느껴질 정도다. 너무 오랫동안 나는 착각해 왔다. '내가 좋아할 수 있는 날씬한 몸을 가지기 위해, 내가 싫어하는 운동을 해야 해.' 그 착각 속에서 운동은 그저 수치심에서 달아나는 수단에 불과했으므로, 나는 몸을 즐겁게 움직인 기억이 없다. 정신건강이 나아지거나 활력이 생기는 것 등의 긍정적 효과를 누리지도 못했다. 그냥 기분이 나빠서, 수치심에서 도망치려 운동했으니까.

그로부터 4년이 지난 지금, 몸을 움직여 규칙적으로 운동하는 건 내가 정신·감정·신체의 건강을 위해 하는 최고의 활동이다. 수치심에 의존하던 시기엔 1년에 몇 주 정도만 운동하고 포기해 버렸다. 수치심과 완전히 작별한 지금은 운동을 몇 년째 꾸준히 이어 나가고 있다.

예전에는 수치심의 악순환을 끊어내면 내가 모든 걸 내려놓고 게으르게 굴 것 같았다. 많은 사람이 무의식중에 그렇게 생각한다. 수치심은 동기로 위장하고 우리에게 그런 착각을 퍼뜨린다. 우리는 과거의 못난 자신보다 나아지기 위해 앞으로 나아간다고 생각한다. 과거의 자신이 틀렸다고 증명하기 위해. 부모님에게 우리가 가치 있는 사람이라고 증명하기 위해. 현재의 성공으로 과거를 덮어쓰기 위해. 그러나 현실은 그렇게 작동하지 않는다. 수치심을 직면하지 않은 채 수치심에서 벗어나려고 하는 건, 낚싯대 끝에 당근을 매달아 놓는 것과 비슷하다. 낚싯대는 계속 앞으로 움직일 것이다. 당근을 베어 무는 건 불가능하다.

수치심은 진실과 다르다. 많은 부분이 왜곡되어 있다. 밝혀지는 것을 싫어한다. 그림자 속에서 퍼져나간다. 많은 사람이 수치심을 인정하는 건 나약하다고 생각한다. 수치심을 인정했다가는 삶의 의욕을 잃을 거라 믿는다. 수치심이 자신을 자신답게 만들어 준다고 생각한다.

그러나 당신이 삶에 대해 내릴 수 있는 가장 강력한 선택은, 현재에 머물기로 마음먹는 것이다. 수치심에서 달아나기 위해 자꾸 무얼 쟁취하기를 멈추고, 그 자리에 멈춰 수치심을 가만히 들여다보는 것이다. 수치심을 속속들이 까발려 보고, 구석구석 빛을 비춰 보는 것이다. 자세히 살펴 그 뿌리를 한 가닥씩 밝혀내는 것이다. 누가 이런 말을 했는가?

누가 이런 기분을 느끼게 했는가? 누가 이런 수치심을 안겼는가? 이 수치심은 왜 존재하는가? 수치심은 어떤 역할을 하는가?

쉬운 작업은 아니다. 그러나 수치심을 밝혀내는 것보다, 계속 수치심에서 달아나는 게 훨씬 더 힘들다. 효과도 없고, 피로하다. 그렇게 살다간 머지않아 지쳐 나가떨어질 게 분명하다. 그러니 다른 무언가로써 수치심을 잠재울 수 있다는 기대를 버려라. 수치심과 이별하고 돌아선 당신 앞에는 놀라운 자유가 기다리고 있을 것이다. 지금 하기 싫은 일, 불가능하게 느껴지는 일, 마음을 괴롭히는 일이 당신에게 훨씬 수월하게 다가올 것이다. 그것들을 감싸고 있는 수치심을 걷어낼 수만 있다면.

완벽하지 않은 인간으로 살아간다는 수치심에서 벗어나면, 진정으로 인간적인 삶을 되찾을 수 있다. 그 뒤부턴 당신이 지금까지 수치심에서 벗어나기 위해 하고자 했던 모든 일이 훨씬 가뿐하게 느껴질 것이다. 수치심을 있는 그대로 직면하면, 모든 게 명확해진다. 단순해진다. 바로 그 지점에서부터 당신의 삶은 한결 나아질 것이다. 당신의 영혼은 한결 행복해질 것이다.

나를 사랑하는 건 쉽고 아름답다

무작정 자기혐오에서 달아나거나, 자기혐오가 틀렸다고 증명하는 접근법으로는 행복의 기틀을 닦을 수 없다. 눈에 보이는 활동을 백날 열심히 해봐야, 나를 사랑하는 마음이 자연스럽게 움트지는 않는다. 자신에 대한 사랑은 내면으로부터 우러나야 한다. 모든 변화의 동기가 무릇 사랑에서 비롯되어야 한다는 뜻이기도 하다.

나 자신을 혐오했던 과거에 나는 심한 착각에 빠져 있었다. 충분히 많은 걸 해내고 나면 내가 나를 사랑하게 되리라 생각했다. 뭔가를 해내는 것으로 나 자신의 사랑을 얻어낼 수 있으리라 생각했다. 그때 내가 얼마나 헛된 걸 추구했는지 이제는 안다. 얼마나 쓸데없는 짓을 했는지도 안다. 나 자신을 사랑하는 출발점은 지금 내 모습, 지금 내가 있는 곳이어야 한다.

그러나 자신을 사랑하는 것에 대해 세상은 우리에게 잘못된 메시지를 들려준다. 세상은 자신에 대한 사랑조차 조건을 충족해 얻어내야 한다고 설득한다. 살을 빼면, 자신의 몸을 사랑하게 될 거라고. 꿈꾸던 직업을 가지면, 삶을 사랑하게 될 거라고. 다른 사람에게 충분히 인정받으면, 삶에 의미와 가치가 있다고 느끼게 될 거라고.

'자신에 대한 사랑'에서 제일 중요한 단어는 '자신'이다. 자신을 사랑하는 건 내면에서 일어나는 작업이다. 사람들은 그게 무슨 뜻인지 잘 안다고 생각한다. 그런데 그게 정말로 무슨 뜻인지 당신은 아는가?

자신에 대한 사랑이 내면에서 우러나온다는 건, 우리가 바깥에서 우리 자신에 대한 사랑을 얻어내려 아무리 애써 봤자 그 대가는 영영 돌아오지 않는다는 뜻이다. 마침내 거울 속 자신을 바라보며 '그거 알아? 이제 충분히 많은 사람이 나를 좋아하니, 나도 나를 좋아할 수 있을 것 같아'라고 말하는 날은 죽었다 깨어도 오지 않는다는 뜻이다. 그런 날이 언젠가 오는 거라면 왜 아직도 오지 않는 것인가?

자신을 사랑하지 못하면, 다른 사람에게 사랑받기도 어려워진다. 그게 어떤 느낌인지 이미 알고 있을지도 모르겠다. 나 자신을 사랑하지 못한 채 다른 사람의 사랑을 받아들이는 건 무척이나 어렵다. 그 사랑이 아무리 충분하더라도 마찬가지다. 우리가 내면에서 느낀 적 없는 감정을 받아들이기는 어렵기 때문이다. 우리는 끊임없이 자신을 발전시키려고 부추기면서, 자신을 사랑하게 해주는 마법의 약을 찾아 세상을 헤매면서, 충분히 많은 일을 해낸 좋은 사람이 되려고 노력하면서 그 끝에 자신에 대한 사랑이 저절로 피어나길 기다린다. 참 어려운 길을 걷고 있다. 말도 안 되게 어려운 길을 걷고 있다. 그런데도 참 많은 사람이 몇 년을, 수십 년을, 때론 인생 전부를 그렇게 허비한다.

당신이 바깥에서 찾아 헤매고 있던 바로 그것은, 실은 안에서 찾아야만 하는 것이다. 처음엔 이 진실이 절망스럽게 느껴질지도 모른다. 하지만 다시 생각해 보면, 여기엔 한없는 자유가 깃들어 있다. 진실은 당신을 해방시킨다. 그제야 비로소 삶에서 당신이 아름답게 여기는 것을 추구할 수 있다. 자기 자신을 사랑할 수 있다. 남에게 사랑받을 때 그 사랑을 온전히 느낄 수 있다. 좋은 일이 일어나면, 순수하게 기쁨을 느낄 수 있다. 당신에게 기뻐할 자격이 있는지 더는 걱정하지 않아도 된다. 스스로를 사랑하는 것, 그것이야말로 당신 인생의 기틀이다. 그게 당신의 자유다.

자신을 사랑하면 인생의 좋은 것들이 전부 증폭된다. 거품 목욕을 하고 마스크팩을 한다고 해서 자신을 사랑하는 건 아니다. 자신을 사랑하는 건, 오로지 사회에서 배운 것을 잊음으로써 가능하다. 우리는 원래 스스로를 사랑했다. 아주 자연스러운 일이었다. 사회에서 그러지 말라고 배우기 전까지는.

우리는 자신을 싫어하도록 세상에 설득당했다. 자신을 함부로 대하라고 배웠다. 자신을 사랑하는 것이야말로 무엇에도 비할 수 없는 인생의 특효약이라는 걸 잊었다. 그러나 자신을 사랑하면 인생이 더 즐거워진다. 더 충만해진다. 모든 것이 더 풍부해진다.

후셈을 만났을 때 25살이었던 나는 영양사와 상의해 저탄수 다이어트를 통해 체중을 18킬로그램 감량한 상태였다. 2011년 프랑스 파리, 후셈은 내 인생에 한 줄기 회오리바람처럼 들이닥쳐 넘치는 에너지와 자신감으로 나를 사랑에 풍덩 빠뜨렸다. 두렵고도 짜릿한 사건이었다. 그는 영어를 한

마디도 못 했지만 우리는 언어의 장벽을 넘어 더듬더듬 사랑에 빠지기 시작했다. 우리에겐 말이 필요하지 않았다. 어쩌면 경솔한 일이었는지도 모른다. 그러나 그로부터 10년이 넘게 지난 지금, 우리는 아직도 서로를 사랑한다.

그해 매일 아침 후셈은 스크램블드에그, 흔들어 마시는 요거트, 사과주스, 동네 빵집에서 사온 갓 구운 바게트를 먹었다. 그때 나는 다이어트 때문에 빵을 끊은 지 오래였다. 마지막으로 빵을 입에 댄 게 몇 달 전이었다. 스트링치즈가 빵보다 나은 음식이라고 스스로를 겨우 설득하며, 햄과 오이만 먹고도 살 수 있다고 다짐한 터였다.

하지만 그때, 후셈이 내민 갓 구운 바게트를 한 입 베어 물었을 때 내 안의 무언가가 사르르 녹아버렸다. 굳게 세운 결심이, 날씬해지는 여정 내내 벼려온 날카로운 내 마음속 모서리 하나가 녹아 사라졌다. 바게트 한 입은 곧 여러 입이 되었고 이윽고 크로와상으로 발전했다. 사무라이 소스를 끼얹은 케밥과 마요네즈를 찍어 먹는 프라이로 진화했다. 지구상 어디에 붙어 있는지조차 모르는 나라에서 온, 신비롭고 매력적인 남자와 함부로 사랑에 빠지면서 나는 그간 옭아맨 허기를 자유롭게 풀어놓았다. 후셈은 아랍어로 빠르게 말했고 항상 사촌인지 엄마인지 누이인지 친구인지 모를 누군가와 전화를 하고 있었다. 수화기에 대고 정신없이 웃는 그를 보며, 나는 그를 이해하고 싶다고 갈망했다. 무엇이 그를 그렇게 웃게 하는지 알고 싶었다. 남들에게 사랑받는 게 분명한 사람으로부터 받는 사랑은 어떤 것인지, 느끼고 싶었다.

그러나 사랑을 받는다는 건 내게 쉬운 일이 아니었다. 내 몸은 아직 '적절하지' 않았다. 아직도 뺄 살이 한 트럭은 남아 있었다. 이런 몸로는 사랑받을 수 없었다. 파리의 상점에서 맞는 옷을 찾을 수 없는 이 두툼한 몸뚱이로는. 그런데도 우리는 파리의 길거리를 걸었고 그는 기다란 팔을 내 팔에 감았다. 나를 그렇게 봐주고 그렇게 안아주는 사람은 처음이었다. 후셈은 에스컬레이터를 타는 동안 내게 입을 맞춰주었다. 손날로 팔을 부드럽게 쓰다듬어 주었다. 저녁엔 자기 가슴을 툭툭 치며 내게 머리를 기대라고 권했다. 그는 마음을 잘 표현했고, 무척 친밀했고, 애정이 넘쳤다. 나는 그 모든 걸 어떻게 받아들여야 할지 몰랐다. 부족한 내 몸이 누군가에게 사랑받을 리 없다고 생각해 왔다. 그가 내 몸에 특별히 집착하는 건 아니었다. 그러니까, 페티시 같은 건 아니었다는 뜻이다. 후셈은 나를 있는 그대로 봐주었다. 처음 만난 순간부터, 단 한 번도 나를 놓치지 않았다. 후셈을 처음 만났을 때 내 자존감은 바닥을 치고 있었기에, 나는 그의 따스한 애정 표현을 진심으로 이해하지 못했다.

나는 오랫동안 무의식 속에서 이런저런 구멍들을 채우고 있었다. 10대 시절, 나는 나 자신을 혐오했다. 연애를 못 하는 건 내가 매력이 없어서라며 나를 탓했다. 그리고 내가 남자에게서 (또는 여자에게서) 충분히 관심을 받으면, 내 매력을 증명할 수 있으리라 생각했다. 나랑 자고 싶은 사람, 날 좋아하는 사람, 나랑 사귀고 싶은 사람, 나랑 데이트하고 싶은 사람이 충분히 많아지면… 그때 비로소 나 자신을 사랑할 수 있으리라 생각했다.

그래서 늘 관심에 허덕였다. 잠이 오지 않는 밤, 내가 적극적으로 무시하고 있던 불안이 기어코 삐져 나와 심장이 쿵쿵 울릴 때면, 습관처럼 예전 기억을 꺼내들었다. 술에 취해 내게 키스했던 남자. 외로운 남자들이 내 귀에 속삭여준 말들. 비밀스러운 호기심을 채울 상대로 나를 선택한 여자들. 그렇게 나는 그들의 인정으로 내 안의 빈 구멍을 채웠다.

그런 기억들에 집착했다. 관심을 받은 순간 느낀 안도감에 계속 매달리고 싶었다. 내가 모은 증거들을 꺼내본다. 내가 얼마나 관심을 받았는지 확인해 본다. 나를 원하는 사람이 얼마나 많은지 세어본다. 자, 이제 나 자신을 사랑할 자격이 있을까?

그렇게 한참을 지내고 나는 자격 기준을 조금 수정했다. '좀 더 진실한 뭔가가 필요해. 좋았어. 누군가 나를 진심으로 사랑하는 날이 오면, 그때 나 자신을 사랑하자.' 후셈을 만나기 직전에 나는 일주일 동안 심한 감기를 앓았다. 평생 그토록 외로웠던 건 처음이었다. 누구든 좋으니 날 돌봐줄 사람이 있었으면 했다. 너무 오랫동안 혼자 지냈다. 혼자라는 사실을 훈장처럼 두르고 다녔다. 남들이 날 사랑해 주지 않으니, 나도 사랑 따위 필요 없다고 허세를 부렸다.

감기가 낫던 그날 , 나는 후셈이라는 놀라운 남자를 만났다. 그가 나를 부드럽고 조심스럽게 안을 때마다, 나는 심장이 으스러질 것 같았다. 그가 나를 사랑하는 게 아팠다. 거의 매일같이 아팠다. 나는 나 자신을 사랑하지 않았으므로. 나는 그의 사랑을 이해할 수 없었다. 대체 나 따위를 왜 사랑하지? 우리에겐 공통의 언어가 없었으니 그에게 이유를 따져 물을 수도 없었다. 그는 자신의 사랑을 그저 몸으로 한껏 보여주었고, 나는 도통 그의 마음을 믿을 수 없었다. 만일 그가 말을 했더라도, 그때의 내 정신이라면 아마 그의 본뜻을 왜곡했을 것이다.

나는 후셈이 나를 버렸으면 좋겠다는 괴상한 생각까지

하기에 이르렀다. 내가 받는 사랑과 내가 나에게 느끼는 감정의 간극이 너무 커서 도무지 화합시킬 수 없었다. 꼭 자기 자신을 사랑해야 남을 사랑할 수 있는 건 아니다. 하지만 경험자로서 말하건대, 자신을 사랑하는 건 확실히 도움이 된다. 받을 자격이 없다고 생각하는 사랑을 받아들이는 건, 말도 안 되게 어려운 일이다.

지금 나는 과거의 내 생각이 틀렸음을 안다. 이 세상 모든 남녀에게서 사랑을 받더라도, 사랑받을 자격이 있다는 확신은 생겨나지 않는다. 나도 노력해 보았다. 관심을 받으려고 온갖 몸부림을 쳐보았다. 세상 곳곳에서 내 가치를 찾아 헤매었다. 특히 남자들에게 인정받는 데 목숨을 걸었다. 별 효과는 없었다.

그때의 나는, 여성인 나의 가치가 몸매와 외모에 전적으로 달렸다고 믿었다. 그게 세상이 돌아가는 공식이라고 믿었다. 그러나 끼니를 아무리 굶어도 내 몸은 결코 내가 원하는 모양이 되어주지 않았다. 그래서 내겐 가치를 증명하는 다른 수단이 필요했다. 수많은 남자에게 관심을 얻어낼 수 있으면, 내 몸이 문제도 장애물도 아니라고 증명할 수 있을 것이다. 그럼으로써 내 몸에 가치가 있다고 인정받을 것이다. 따라서 내게도 가치가 있다고, 나도 가치 있는 사람이라고 믿을 수 있을 것이다.

하지만 그런 공식으로는 결코 확신을 얻을 수 없었다. 후셈이 쏟아붓는 사랑조차 충분하지 못했다. 그러나 그는 중요한 일을 해냈다. 환한 빛을 드리워, 내가 숨기고 회피하는 나의 구석구석까지 기어이 비춰준 것이다.

그래서 나는 먹었다. 위안이 필요해서 먹었을지도 모른다. 통제감이 필요해서였을지도 모른다. 내가 뺀 살이 고스란히 다시 찌더라도 후셈이 나를 사랑할지 의심스러워서, 그의 진심을 시험해 보려는 의도였을지도 모른다. 사실 어떤 마음이었는지 아직도 잘 모르겠다. 내가 아는 건, 그 후 10년 동안 내가 아주 미묘하고도 거의 눈에 띄지 않는 폭식장애를 달고 살았다는 것이다. 스스로 벌주려고, 위안받으려고, 통제하려고.

사회에서 가르친 대로라면 나 자신을 싫어할 이유는 셀 수 없이 많았다. 나는 그중 일부는 완전히 내 것처럼 내면화했다. 그중 일부는 틀렸다고 증명하려 노력해 봤다. 결과는 처참했다. 내가 보기에 나는 여자로서 바람직한 행동거지와 외모를 갖추지 못한 실패자였다. 나는 실망에 차서 나 자신과 단절했다. 나 자신에게서 주의를 돌렸다. 도망치고 회피했다.

Chapter 08 나를 사랑하는 건 쉽고 아름답다

살면서 나는 온갖 기대와 모순의 무게에 짓눌려 참 여러 번 무너졌다. 내 몸에 대해서도 그랬다. 뚱뚱한 여자는 '받아들여질 수 없는' 존재였다. TV 프로그램과 영화 속에서 우리는 조롱받았고 농담의 대상이 되었다. 하지만 관습적인 미의 기준에 부합하는 (그리고 항상 날씬한) 여자로 사는 것 역시 가혹해 보이긴 마찬가지였다. 아름다움을 계속 유지해야 할 필요성. 단지 신체에 결부되는 가치. 계속 바뀌는 몸매의 기준. 어디가 들어가고 어디가 나와야 하는가에 관한 엄격한 규칙들.

그 모든 것에 맞춰 산다는 건 불가능해 보였다. 자신의 몸을 이상적인 기준에 욱여넣고 유지하는 건, 인생 전체를 걸고 세상이 '이 정도면 괜찮다'고 말하는 기준에 맞추어 몸을 가꾸는 건, 바람직하지 않아 보였다. 이상을 달성한 몸은 판매하는 상품이 된다. 대상화된다. 타인이 소유하고 착취하고 돈벌이로 삼는 수단이 된다.

그러니 내가 보기엔 현실적인 선택지가 아예 존재하지 않는 것 같았다. 방금은 몸을 예로 들었지만, 다른 부분도 마찬가지다. 커리어는 여자로서 오르기 힘든 또 다른 높은 산이었다. 밤길을 혼자 걷기 어려운 여자, 남의 시선을 의식해야 하는 여자, 남에게 보이기를 갈망하는 동시에 두려워하는 여자로 살아가는 건 힘든 일이었다. 아기를 낳는 것도, 결혼하고 가족을 꾸리는 것도 너무 어려운 문제였다. 무얼 선택하든 누군가는 실망하게 된다. 아이를 키우며 전업주부로 살면 페미니스트가 될 수 없는 걸까? 커리어를 위해 가족을 포기하는 건 페미니스트다운 행동일까? 페미니스트가 만면에 미소를 띤 채 모든 일을 해내는 슈퍼우먼을 지칭하는 단어던가?

나는 스스로 '잘못된' 유형의 여자라고 느꼈다. 다른 여자들은 나보다 '여자력'이 높았다. 스스로 머리에 컬 넣는 법을 알았고, 하이힐을 신었고, 몸을 잔인할 만큼 엄격하게 가꾸었고, 거듭 변하는 세상의 기준과 압박 속에서 무너지지 않고 어떻게든 맞춰 살았다.

나는 여자라서 당연히 스스로를 싫어할 수밖에 없다고 생각했다. 스스로를 싫어하지 않는 여자는 이기적이라고 느꼈다. 다른 방법은 없다고 믿었다.

세상의 가르침은 그만큼 내 안에 깊이 스며들었다.

세월이 흐르며 나는 한 부분씩 천천히 나를 사랑하는 법을 배워나갔다. 내 몸을 참아냈다. 처음엔 내 몸이 못나 보이는 특정 각도를 받아들였다. 그 다음엔 내 몸이 못나 보이는 일정 상황도 받아들였다. 내 재정 상태를 통제하기 시작했다. 진정한 자기 관리는 거품 목욕과 마스크팩이 아니라, 세금을 내고 카드값을 지불하고 할 일 목록을 실제로 완수하는 것처럼 지루하고 섹시하지 못한 일들이라는 걸 배웠다. 나는 내 마음의 소리에, 내 감정에 최선을 다해 귀를 기울였다. 기분이 좋아지기 위해 꾸준히 운동했고 체중 감량에 대한 강박을 꾸준히 덜어 나갔다. 나 자신에게 친절한 말을 하는 법을 배웠다. 나와 한 약속을 지키는 법을 배웠다. 나 자신의 친구가 되고, 나 자신을 응원하고, 내가 내디딘 사소하고 느린 발걸음을 축하하는 법을 배웠다. 내 사진을 몇 시간이나 노려보며 단점을 하나하나 찾아내고 자기혐오의 늪에 빠져드는 대신, 지금 있는 그대로의 내 모습에 만족하는 법을 배웠다.

나 자신을 사랑하는 건 내가 생각한 것보다 훨씬 힘이 셌다. 나 자신을 사랑하면서 나는 껍질을 벗겨내고, 배운 것을 잊고, 치유하는 과정을 차근히 밟아 나갔다. 자기 자신에게 사랑받을 가치가 없다고 느끼는 모든 이유를 직면해야 그것들을 처리하고 치유할 수 있었기 때문이다. **자신을 사랑한다는 건, 언뜻 생각되는 것처럼 어여쁜 일이 아니었다.** 오히려 고통스럽기 짝이 없었다. 나의 정체성에서, 나의 현 상태에서, '정상'으로 '받아들여져야' 한다는 나의 숨 가쁜 요구에서 떨어져 나오는 게 그만큼 힘들었다.

자신을 사랑한다는 건, 수십 년 동안 회피하며 보낸 것을 직면하는 일이었다. 자신을 사랑한다는 건, 불길로 걸어 들어가는 일이었다. 그 고통을 견뎌야만 자유가 찾아왔다. 이 모든 진전과 치유의 과정에서 나는 아직 나의 몸과 건강한 관계를 맺지 못하고 있었다. 나는 나일 뿐인데 몸이 내게 딸린 것처럼 느껴졌다. 그 몸은 여전히 낯설고 이상하게 여겨졌다. 나는 내 몸과 온전히 연결되어 있지 않았다. 나는 내 몸 건강을 위해 최선을 다하고 있지 않았다. 나는 내 몸을 방임하고 있었다. 나 자신을 향한 내 사랑은 아직 몸까지 미치지 않은 상태였다. 상처를 헤집어 탐색하기엔 너무 아릴 것 같아, 아직은 겁이 났다.

그러다가 2020년, 팬데믹 시대가 열렸다. 버티기 힘들었던 봉쇄 기간 동안 내게 남겨진 유일한 즐거움은 음식이었다. 음식은 모든 감정과 자극을 무디게 만들었다. 불안을 소화하기 쉽고 흐릿하게 만드는 음식은, 자연스럽게 나의 도피처가 되었다.

2019년에 프랑스에서 로스앤젤레스로 돌아온 뒤 내가 2주에 한 번씩 만나기 시작한 치료사가 있었다. 2020년에는 대면 회기를 진행할 수 없어서 격주로 전화 상담을 했다. 팬

데믹이 상륙한 로스앤젤레스가 봉쇄되었을 때 이미 치료를
시작한 게 천만다행이었다.

2020년 9월이 기억난다. 여름 내내 무서운 뉴스가 끊임없
이 터져 나왔다. 나의 내면에서도 외부와 똑같이 전쟁이 일
어나고 있었다. 내가 맞서 싸우고 있던 상대는 나 자신이었
다. 외부의 상황이 내면의 전쟁에 기름을 끼얹었다. 후셈이
샌프란시스코의 친구를 만나러 집을 비운 어느 주말, 나는
그가 곁에 있을 때와는 전혀 다른 사람으로 돌변했다. 팬데
믹 동안에도 이미 제법 많은 양의 음식을 먹고 있었다. 다시
한번 통제할 수 없을 정도로 음식에 의지하고 있다는 걸 어
렴풋이 느꼈지만, 아직 그 사실을 직면할 준비는 되지 않았
다. 내 마음이 그 사실에 주의를 기울이려 들 때마다, 나는
음식과 TV로 도망쳤다.

후셈이 집을 비운 그 주말에 나는 정말 엄청나게 먹어댔
다. 그 주말에, 내 안에서 무언가 꿈틀했다. 바닥을 찍는 순
간 찾아온다는 그 깨달음이 내게도 찾아왔다. 음식은 내 건
강을 해치고 있었다. 이렇게 먹는 건 나 자신에게 친절하지
않은 일이었다. 이건 사랑이 아니었다. 이건 '자기 돌봄'이
아니었다. 내가 되고 싶은 사람은 이게 아니었다. 역겨웠다.
수치스러웠다.

여기서 벗어나기 위해 내가 할 수 있는 일은 하나뿐이었다. 이 경험을 낱낱이 고백하는 것. 치료사에게 내 이야기를 털어놓아야 했다.

몸이 떨렸다. 수치심이 파도치듯 내 몸 안을 흘렀다. 모든 괴로움을 딛고, 나는 수화기 반대편의 치료사에게 소리 내어 고백했다. 먹는 것에 대해. 음식이 나의 유일한 기쁨이라는 느낌에 대해. 내 안팎의 모든 소음을 무디게 만들기 위해 음식을 이용하는 것에 대해. 그런데 전처럼 '효과'가 있다고 느껴지지 않는 것에 대해. 이제 음식이 유용한 방어기제로 느껴지지 않는 것에 대해.

치료사에게 모든 것을 이야기했다. 나는 말했다. "폭식 장애가 있는 것 같아요." 치료사도 동의했다. 그녀는 역겹다며 전화를 끊거나, 혀를 차거나, 놀라지 않았다. 방금 나에 대해 가장 솔직하고 수치스러운 사실을 밝혔는데, 끔찍한 일이 일어나지 않은 거다. 한결 가벼운 기분이 들었을 뿐이었다. 소리 내어 말하고 나니 얼마나 후련했는지!

그렇게 나는 마침내 인정할 수 있었다. 내 몸을 대하는 방식을 더는 지속하고 싶지 않았다. 과거의 자아를 질책하진 않았다. 과거의 나는, 내가 아는 한 최선을 다했으니까. 나는 열심히 노력했다. 몇 년 동안 최선이라고 느끼는 것을 열심히 실행했다. 내 몸과의 관계를 안에서부터 개선하고자 노력했다. 이제는 나의 감정적 건강뿐 아니라 몸의 건강 역시 돌볼 시간이 온 것뿐이었다.

이것이 자신을 사랑하는 일의 또 다른 특성이다. 자신에 대한 사랑은 고정불변이 아니다. 우리는 성장하고, 새로운 사람이 되고, 변화하고, 한 꺼풀을 벗겨내 그 아래의 새로운 꺼풀을 발견하고, 계속 무언가 되고 되지 않기를 반복한다. 사람은 평생 한 가지 모습으로만 살아가는 존재가 아니다. 어느 해는 스스로를 방임하는 행동으로 느껴졌던 것이, 다른 해에는 스스로를 보호하는 행동으로 느껴질 수 있다. 인생의 한 계절에 위안으로 느껴졌던 것이, 다른 계절에는 제약으로 느껴질 수 있다.

몇 년 동안 내 몸을 사랑하는 일이라고 느껴졌던 것이, 그 순간 더 이상 사랑으로 느껴지지 않았다. 나는 음식과의 관계를 재조정해야 했다. 저울과, 옷 사이즈와, 운동과 관계하는 새로운 방식을 찾아야 했다. 이미 내게서 여러 꺼풀을 벗겨낸 뒤였지만, 이번에 건드리는 꺼풀은 좀 더 핵심적이었다. 음식과 나의 관계는 역사가 제법 길었다. 어릴 적 성적으로 공격당한 경험을 처리하기 위해, 세상의 요구와 수치심과 공포와 그 모든 것을 다루기 위해 나는 음식에 집착해

왔다.

치료사에게 들은 말도 큰 도움이 되었다. 그녀는 음식이 내가 인생에 대처하는 효과적인 방법이었다고 말했다. 내게 음식은 위안을 주는 존재였다고 했다. 그래도 괜찮다고, 내가 아직 커다란 치유로 나아갈 준비가 되지 않았어도 괜찮다고 그는 말해주었다. 진정으로 삶을 살기 위해, 우리는 앞으로 시작할 치유를 위해 공간을 남겨두어야 한다고 말했다.

숨겨온 진실을 털어놓으니, 거의 10년을 지속된 사이클에 종지부를 찍는 느낌이었다. 파리에 간 것, 후셈을 만난 것, 그때 내가 머물던 지하 원룸에서 한 블록 거리의 자갈 깔린 길을 걷다가 후셈이 내게 바게트 한 조각을 뜯어 나눠준 것. 그 모든 게 기억났다. 사랑받기 위해 애쓰느라 느낀 압박감에 대처하려 음식으로 도피하던 게 기억났다. 한결같고 부드러운 이 남자에게 사랑받을 수 없다고 말하는 내 안의 목소리를 잠재우는 데 음식을 먹는 행위가 얼마나 도움이 되었는지 기억났다.

치료사와 대화를 나누고 음식에 관한 깊은 치유의 여정에 나선 나는, 오랜만에 그 모진 목소리를 꺼내 보았다. 그리고 그 목소리 역시 사랑받도록 놔두었다. 나는 내가 버렸던 나의 조각들을 다시 내게로 연결했다. 그 부분들 역시 사랑해 주었다.

자신에 대한 사랑은 우리 안의 그림자를 거두라고 한다. 그림자를 빛 속으로 끌고 나와, 이제 어떤 기분이 드는지 말해보라고 한다. 우리가 우리 자신에게 어떤 사람인지 다시 정의해 보라고 한다. 스스로에게 진실해짐으로써, 숨기지 않고 받아들임으로써, 수치스러워 자신에게서 떼어버린 부분들마저 사랑하는 법을 배울 수 있다. 혐오해야 한다고 배운 부분들을 사랑할 수 있다. 자신을 사랑한다는 건, 우리 안의 모든 조각을 통합하는 일이다.

나를 사랑한다는 건, 나를 더 이상 해치지 않겠다는 약속이다. 내가 나를 해치는 체계를 학습했다는 걸 인식하고, 그 체계를 더는 지속하지 않기로 선택하는 것이다.

한 번 내린 결론에 따라 평생을 살 필요는 없다. 당신이 어떻게 자신을 혐오하는 패턴에 빠지는지 숙고해라. 절대적 진실이라고 믿고 있는 게 무엇인지 검토해라. '아직은 준비가 되지 않았어.' '나는 엉망진창이야.' '나는 항상 불안해.' '나는 되는 일이 없어.' 그렇게 말하는 데 아예 근거가 없는 건 아닐 것이다. 하지만 반대로 주장할 근거도 분명히 있을 것이다. 그렇다면 어째서 반대에는 집중하지 않는가? 어디에 집중할지는 우리의 선택이다. 선택권을 부정할 때, 우리는 힘을 잃는다.

우리는, 특히 여성들은 그렇게 살아왔다. 우리 자신을 소화할 수 있는 부분들로 조각조각 나누어 버렸다. 남들에게 호감을 얻지 못하고 인정받지 못할 거라고 생각되는 부분들은 자신에게서 떼어내 버린다. 그렇게 우리는 파편으로서 존재하게 된다. 온전한 자신에게서 단절되어 버린다. 자신을 사랑하기 위해 넘어야 할 최악의 고비는 바로 여기에 있다. 우리가 파편화되었으며, 남들에게 가치 없게 느껴지거나 받아들여지지 않을 부분을 버렸다는 것. 우리는 이 사실을 인정해야 한다.

자신을 사랑한다는 건, 조각난 파편들을 다시 하나로 모으는 것이다. 다시 제자리에 맞춰 놓는 것이다. 우리가 더 이상 원하지 않는 남들의 기대를 버리는 것이다. 우리가 과거에 버렸으나 이제 되찾고 싶은 부분들과 화합하는 것이다. 우리가 회복하고 싶은 부분들과, 우리가 이제 마음껏 사랑하고 싶은 부분들과 다시 만나는 것이다.

자신을 사랑한다는 건, 온전함을 찾는 일이다.

온전함으로 나아가기 위해 치유하는 일이다.

진실을 더 이상 그림자 속에 숨겨두지 않는 것이다.

Chapter 09

죄책감을 느껴야 마땅하다

우리의 무의식에는 죄책감을 느끼려는 경향이 있다. 우리는 남의 눈치를 보면서, 죄책감을 느낄 때마다 경로를 수정해 나간다. 나의 무언가가 당신에게서 불쾌한 느낌을 일으켰나요? 알겠어요, 조금 몸을 움츠릴게요. 특히 여성들은 남을 만족시키지 못하면 죄책감을 더 심하게 느끼곤 한다. 우리는 죄책감을 이용해, 즐기고 갈망하는 것들을 아주 미묘한 방식으로 나 자신에게 금지한다. 죄책감을 지닌 사람은 말한다. '내가 이걸 누려도 될까?' 반면 자격이 있다고 믿는 사람은 이렇게

말한다. '내가 이걸 누려야 마땅하지 않나?'

우리는 죄책감 때문에 내면의 진실들을 무시한다. 진실이 우리의 기분을 상하게 할 때 더욱 그렇다. 눈치 보기를 그만두고, 자기 자신을 위해 최선의 행동을 택하는 유형의 사람이 되어야 할 때도 그렇다. 사실 자신의 삶을 돌보는 건 전혀 이기적이지 않다. 그럼에도 많은 사람이 자신의 욕구를 남들의 욕구보다 우선하는 게 이기적인 행동이라고 배웠다. 자신의 욕구를 다른 것보다 우선하면, 죄책감을 느껴야 '마땅'하다. (바로 이게 수치심이 하는 말이다). 죄책감은 당신을 제자리로 돌려보낸다. 당신을 작은 삶에 가둔다. 당신을 '분수'에 맞게 살도록 한다.

죄책감이 더 큰 힘을 발휘하는 건, 당신 내면에 품은 진실이 다른 사람에게도 영향을 미칠 때다. 당신이 죄책감 때문에 욕망하지 않고, 요구하지 않아서 어떤 사람들은 득을 본다. 당신이 비참해하기를, 약간 억눌리기를, 조금 더 초라해지기를 원하는 사람도 있다. 그들이 그런 마음을 먹을 때, 죄책감은 고개를 든다. 당신 내면에 품고 있는 진실이 당신의 어깨를 으쓱하게 만들 때, 죄책감이 고개를 든다. 진실이 당신에게 날개를 달아줄 때. 진실이 모두에게 호감을 사고 싶다는 당신의 욕구를 내려놓게 할 때. 진실이 다른 사람들을 불편하게 할 때. 다른 누구의 필요보다도, 당신 자신을 먼저 선택하게 할 때.

죄책감은 당신의 감정 경로를 수정해서 다시 남들의 눈치를 보게 만들 것이다. 거기에 속아 넘어가지 마라. **당신의 삶을 돌보는 일에 대해 죄책감을 느끼지 않아도 된다.** 당신에겐 그럴 자격이 있다. 당신은 모두의 욕구를 채워주는 순교자가 아니다. 남을 뒷바라지하고 돌보는 것도 좋지만, 그러느라 정작 당신이 초라하게 시들어 간다면 그건 안 될 일이다. 남들이 기대하는 대로 살기 위해 자신을 희생할 필요는 없다.

나는 가톨릭 신자로 자란 탓에 인생 대부분을 뼛속 깊은 죄책감에 물들어 지냈다. 내가 먹은 것에 대한 죄책감, 육욕과 다른 모든 갈망에 대한 죄책감, 내가 하는 일과 내가 하지 않는 일에 대한 죄책감…. 미로 같은 죄책감 속에서 나는 출구를 찾지 못하고 길을 잃었다. 묵직한 담요 같은 것을 원치 않게 어깨에 짊어지고 다니는 기분이었다.

내 죄책감의 기원은 언제나 외부에 있었다. 다른 사람들이 뭐라고 생각할까? 나에 대해, 내 행동에 대해, 내가 먹는 것에 대해 어떻게 생각할까? 내가 이기적이라고 생각하진 않을까? 나는 다른 사람의 시선으로 나 자신의 이미지를 끊임없이 감시하고 있었다. 이는 아무도 나를 질투하게 하지 않도록, 내가 너무 '나댄다'라고 평가하지 않도록 스스로 짓누르는 방식이기도 했다. 남들보다 큰 사람이 되고 싶었다. 과거의 나보다 큰 사람이 되고 싶었다. 그런데 그러기에는 겁이 났다.

거부당한 과거의 고통을 안고 사는 나로서는, 혹시라도 의도치 않게 남에게 상처를 줄 수 있다는 생각만 해도 견딜 수 없었다. 두려움은 죄책감으로 발전했고, 죄책감은 나를 얽매어 가두었다. 죄책감은 나를 내가 '있어야 마땅한 곳'으로 되돌려 보냈다. 남들의 호감을 구걸하는 겁먹은 소녀에서 더 이상 성장하지 못하게 만들었다.

'남들을 행복하게 해주면, 그들은 내가 받은 상처를 받지 않을 것이다. 죄책감에 젖어 있는 동안, 나는 안전할 것이다. 내 잠재력을 전부 발휘하지 않고, 남들보다 잘나지 않고, 타고난 재능을 충분히 꽃피우지 않으면… 내가 조금 덜 빛나야 남들이 행복해진다면, 기꺼이 그렇게 할 것이다. 남들이 나를 보고 힘을 얻을 수 있도록 절망의 진창에서 뒹굴겠다. 나를 기분 나쁘게 하는 사람도 기꺼이 친구로 사귀겠다. 내가 과거에 느낀 것과 같은 고통을 다른 사람이 느끼지 못하도록. 누군가를 상처주지도, 거절하지도 않으리라.'

이처럼 남들이 고통과 상처와 거절을 느끼지 못하도록

막아주는 방패 역할을 자처하면서, 나는 괴로웠다. 갑갑한 삶이 고통스러웠다. 나는 나 자신을 거부해 상처를 입혔다. 나는 남들에게 받아들여지기 위해 나를 거부했다. 남들을 위해 스스로를 상처입혔다. 그런데 '남들'이란 알고 보면 정해진 실체가 없었다. '남들'이란 항상 변하는 미지의 존재였다.

'걱정 마요, 내가 잘 사는 듯 보여도 이런저런 일로 고통스러우니까. 걱정 마요, 축하받아야 마땅한 그 순간에 나는 끔찍한 자기 의심에 시달렸으니까. 걱정 마요, 내가 쓴 글이 인터넷에 널리 퍼져나가도 내 수중에 들어오는 돈은 형편없으니까. 걱정 마요. 걱정 마요. 내 인생은 보기보다 형편없으니까.'

나는 내게 기쁨이 주어질 때마다 이런 변명을 주워섬겼고, 변명은 곧 현실이 되었다. 모든 좋은 순간에 죄책감을 끼얹어 그 기분을 망쳐버렸다. 그러는 게 당연한 일처럼 느껴졌다. 죄책감은 나도 모르게 실천하는 습관이 되었다. 나는 모든 칭찬을 비틀어 불평으로 만들었다. 행여 누구라도 내가 지금 경험하고 있는 성공을 스스로 즐기고 있다고 생각하지 않도록 경계했다. 특히 나 자신이 그렇게 생각하지 않도록.

이 작업에 어찌나 능숙해졌는지, 나중엔 내가 죄책감을

실천하고 있다는 자각도 하지 못했다. 모르는 사이 나는 순교자 행세를 하고 있었다. 내가 행복을 진실로 누리지 못한 핵심적 이유는, 내 안에서 계속 웅웅 울리고 있는 죄책감이었다. 잘 사는 건 안전한 상태가 아니었다. 나 자신의 행복에 그렇게까지 신경 쓰는 건 이기적인 일이었다. 나는 나 자신이 아니라 남들을 모셔야 마땅한 사람이었다.

'다른 사람은 내가 잘 사는 모습을 보고 싶지 않을 것이다. 내가 잘 살고 있으면, 나를 싫어할 것이다. 내가 나를 너무 좋아하면, 나를 거부할 것이다. 지금 이대로 행복하고, 자신의 가치를 잘 아는 여자, 남들에게 선택받기를 기다리는 대신 내면에서 스스로 자신의 가치를 찾아내는 여자는 남에게 호감을 받지 못한다.'

그래서 나는 결론을 내렸다. 행복한 건 안전하지 않은 상태라고. 내가 무엇보다도 원한 건, 남들에게 호감을 얻고 받아들여지는 것이었으니까. 이 사실을 알아차렸을 즈음, 기억 하나가 떠올랐다. 대학 3학년 때 있었던 일이다. 나는 신입생 때부터 광고 공모전을 준비하는 수업을 들었다. 보통은 졸업반 학생이 1년 동안 듣는 수업인데, 나는 경영대에서 근로 학생으로 일했기에 교수님을 어찌어찌 설득해서 수업에 들어갈 수 있었다. 3년째에 나는 마침내 해당 강의의 회장으로 뽑혔다.

회장은 가상의 광고 회사의 CEO 겸 회장 역할을 맡았다. 매년 전국적인 공모전이 열리고, 각 대학에서 그해 공모전을 후원하는 기업의 제품을 위한 광고 및 마케팅 계획을 세워 경쟁한다. 첫해에는 야후, 두 번째 해에는 포스털 볼트가 후원사였다. 내가 회장이 된 세 번째 해에는 코카콜라였다. 코카콜라라니! 나는 희열을 느꼈다. 지금껏 배운 모든 것을 실전에서 활용할 시간이었다. 나는 진지하게 공모전에 임했다.

회장 역할을 맡은 나는 수업을 듣는 학생들에게 과제를 내주었다. 지도 교수를 비좁은 책상에 앉혀 놓고 강의를 진행했다. 나는 이기고 싶었다. 우리 학교는 이 공모전에서 우승한 적이 한 번도 없었다. 내가 수업을 수강한 첫해에는 지역에서 꼴찌를 했다. 포스털 볼트 공모전이 열리고 내가 부회장으로 뽑힌 이듬해엔 2등을 했다. 그리고 세 번째 기회가 온 것이다. 이번엔 이기고 싶다는 마음이 강렬하다 못해 강박이 생겼다. 나는 2학기 동안 진행되는 3학점 수업에 모든 시간과 에너지를 쏟아부었다. 진짜 CEO처럼 행동한 것이다.

수업은 다음과 같이 진행됐다. 코카콜라에서 멀티미디어 캠페인에 사용할 가상의 예산이 내려온다. 학생들은 콘셉트, 마케팅 목표, 예산을 정해서 몇 페이지짜리 계획서를 작성해야 한다. 풀 컬러 렌더링과 마케팅 아이디어에 대한 깊이 있는 설명도 필수다. 복잡한 작업이었다. 경영 마케팅을 공부하는 학생들과 함께 일하면서, 커뮤니케이션 디자인 학생들과도 협업해야 했다. 다들 나름대로 의견이 있었다. 나는 회장으로서 모든 팀원을 위해 그럴듯한 목표를 세워 주는 한편 세세한 부분까지도 챙겼다.

나는 스스로 빛나는 성과를 내고 있다고 느꼈다. 그런데 언젠가부터 경영대 학생들이 차츰 팀워크를 해치기 시작했다. 경영대 학생들은 성비가 반반이었지만, 비협조적인 분위기를 주도한 지도 교수를 포함해 인성을 드러내는 이들은 주로 남자였다. 내가 강의실 앞에 서서 학생들의 이목을 끌기 위해 분투하고 있으면, 그들이 나를 깔보는 걸 느낄 수 있었다. 지도 교수는 나를 은근히 깎아내리는 논평을 던졌다. 마치 수업을 방해하려는 것처럼 내가 말하는 도중에 강의실 분위기를 일부러 흐트러뜨렸다. 나는 프레젠테이션 준비를 위해 학생들에게 정말 필요한 과제를 내주었다. 그런데 경영대 학생들은 과제를 제출하지 않았다. 아마 수업 후 나에 대해 자기들끼리 뭐라고 쑥덕거린 듯했다.

그때 내겐 남의 호감을 사고 싶다는 열망보다 이기고 싶다는 열망이 더 컸다. 인생 처음으로, 남들에게 호감을 받는 것보다 내가 세운 목표를 이루고 싶은 욕망이 더 컸다. 커뮤니케이션 디자인 학생들은 나를 좋아하고 존중해 주었다. 창조적인 사람들과 경영을 공부하는 사람들의 차이겠거니 생각했다. 디자인과 학생들은 그냥 멋진 디자인을 하고 싶어 했고, 경영대 학생들은 자아가 비대했다. 다행히 경영대 학생들이 대략의 마케팅 전략을 완성했고, 그다음에 나는 주로 계획서 작성과 수정 작업을 맡아 디자인과 학생들과 일했다.

지역 대회가 열리는 건 늦봄이었다. 심사위원 앞에서 프레젠테이션을 진행하고, 이곳에서 1등을 하면 켄터키주 루이빌에서 열리는 전국 대회로 진출하게 된다. 생각만 해도 달콤했다. 하지만 아직 계획서를 마무리하고, 발표 대본을 써서 외우고, 실제로 발표하는 일이 남아 있었다. 마침내 지역 대회 날, 나를 포함해 5명의 발표자가 대회장으로 향했다. 나를 제외한 나머지 네 사람은 사실 팀원으로서 일하는 시늉만 한 무임승차자였다. 대회장으로 가는 길, 그들은 내내 내게 냉담하게 굴었다. 나와 함께 앞자리에 앉은 지도 교수 역시 나를 싫어하는 것 같았다.

우리는 대회장에 도착해 발표를 시작했다. 한 번의 실수조차 없었다. 나는 긴장했지만 조금도 긴장한 티를 내지 않았다. 내 안의 무언가 깨어나는 게 느껴졌다. 내 안의 무언가, 위대한 것이 깨어났다. 나를 위한 판이 깔렸다고 느꼈다. 심사위원들은 한참을 숙고한 끝에, 우리 팀을 1등으로 발표했다. 게다가 놀랍게도 대회 최고 발표자 상이 내게 주어졌다. 엄청난 영광이었다. 슈퍼볼에서 우승하고 MVP로 뽑히면 이런 기분일까? 나는 환희에 젖었다.

순위를 발표한 뒤, 심사위원들과의 질의응답 시간이 이어졌다. 모든 팀이 배울 기회를 얻은 셈이었다. 어떤 팀은 자신들의 발표와 계획서에 대한 피드백을 요청했다. 나는 손을 들어 심사위원들에게 질문했다. "저희 팀은 이제 전국 대회에 나가게 됐는데, 조언을 부탁드려도 될까요?" 그 순간 찬물을 끼얹은 것처럼 강당 안이 조용해졌다. 팀원들이 경악한 표정으로 나를 보았다. 강당 반대편에서 누군가 헛기침을 하는 소리마저 커다랗게 들리는 듯했다. 숨죽인 듯한 적막이었다.

나는 내가 한 말이 왜 문제가 되는지 몰랐다. 우리는 방금 우승하지 않았는가. 전국 대회에서는 어떻게 하면 좋을지 조언이 필요했다. 적어도 나는 그게 우리 팀에게 진실로 필요하다고 생각했다. 학교로 돌아가는 승합차 안, 내 뒷자리에 앉은 팀원들은 잔뜩 화가 난 기색이었다. 상처받은 나는 최고 발표자 상패를 방패처럼 가슴 앞으로 끌어안고 차 안에서의 시간을 가까스로 버텼다. 빛나는 우승, 우승팀의 회장이라는 사실, 발표 실력을 인정받은 것… 그 모든 기쁨이 퇴색되어 버렸다.

다음으로 모두 모인 자리에선 대판 싸움이 벌어졌다. 그들은 내가 형편없는 리더이자 끔찍한 인간이라고, 우승하지 못한 다른 팀들 앞에서 자랑이나 늘어놓은 인격 파탄자라고 말했다. 그 말에 나는 벼락처럼 수치심에 사로잡혔다. 용서받을 수 없는 짓을 저지른 것 같았다. 나는 그 사건을 10년 넘도록 마음속에 품고 살았다.

이기는 건 안전하지 않았다. 이기면, 이겼다는 걸 스스로 알면, 이겼다는 걸 자랑스러워하면, 더더욱 안전하지 않았다. '이기면, 이기지 않은 척해야 한다. 이긴 것을 수치스러워해라. 오만한 여자를 좋아하는 사람은 없다. 자신이 세상에 베풀 수 있는 가치 있는 무언가를 지녔다고 생각하는 여자를 좋아하는 사람은 없다. 자기 재능을 알고 그것을 사용하는 방법을 아는 여자를 좋아하는 사람은 없다. 빛나는 여자를 좋아하는 사람은 없다.' 내가 질문을 던지고 강당이 고요해졌던 순간이 떠오를 때마다, 나도 모르게 몸이 움츠러들었다. 그 기억이 몇 년이고 나를 따라다녔다. 생각만 해도 온몸이 오그라들었다.

고요한 강당에서 느꼈던 그때의 수치심은 다행히도 지금 전부 잊은 상태다. 다만 그 순간에서 벗어나라고, 그 감정 때문에 빛나는 순간이 퇴색되게 놔두지 말라고 나를 다독여 줄 사람이 없었다는 게 아쉬울 뿐이다. 팀원들의 분노를 애처로운 질투심으로 해석하지 못한 게 아쉬울 뿐이다. 나의 가능성에 대해 너무 쉽게 선을 그어버렸다는 게, 한순간의 기억으로 내 재능을 마음껏 발산했다가는 남에게 미움받는다고 믿어버렸다는 게 아쉬울 뿐이다. 너무 오랫동안, 나답게 살면서 호감을 받는다는 선택지는 내게 존재하지 않았다.

강당에서의 사건 이후로 나는 점점 위축되었다. 내가 너무 잘 살까 봐 경계했다. 습관적으로 스스로를 억눌렀다. 내 재능을 꽃피우고 싶을 때마다, 겸손한 기색 없이 잘나가는 여성에게는 강렬한 분노가 쏟아진다는 걸 기억했다. 재능을 세상에 마구 드러내다니, 자기가 뭐라도 되는 줄 아냐는 식의 질투를 받을 게 뻔했다.

죄책감과 수치심에 사로잡힌 상태로는 나 자신을 충분히 표현할 수 없었다. 그렇게 살기를 몇 년, 나는 바야흐로 내 잠재력을 낭비하고 있다는 걸 깨달았다. 그 대회의 기억에 몇 년을 사로잡혀 있었다. 그때의 나는 참 유망했다. 경영대 교수들은 내가 졸업하는 해까지 종종 그 대회를 들먹이며 나를 칭찬했다. 나를 불러서 미래에 대해 논했다. 하지만 내 지도 교수와 팀원들은 내 강렬한 잠재력에 열등감을 느낀 듯했고 나는 그 사실이 불편했다. 이제 나는 그들의 감정을 어떻게 받아들여야 했는지 안다. 나를 막는 브레이크가 아니라, 내가 발전해 나갈 연료로 삼았어야 한다.

강당에서의 사건은 아주 오랫동안 내 행복과 잠재력을 억눌렀다. 이기기를 원하고, 잘하기를 원하고, 내 재능을 인정받고 싶은 마음이 남들에게 이기적으로 보일 거라는 두려움이 의식 바로 아래에서 항상 맴돌았다. 세월이 흘러 이 오랜 두려움을 꺼내들고 똑바로 주시했던 날, 나는 내가 실제로 어떤 일을 겪은 것인지 마침내 알아차렸다. 나는 사람들의 질투심으로 인해 나 자신의 탁월함을 위험하게 여기게 된 것이다. 농담으로 하는 말이 아니다. 질투를 받았다고 상상하고 싶은 것도 아니다. 하지만 돌이켜 보면, 그때 나는 날개를 단 것처럼 활약했다. 경영대 남학생들은 잘난 여자에게 이래라저래라 지시를 받는 게 싫었던 게 분명하다.

인생에서 좋은 점 하나는 과거를 고칠 수는 없지만, 과거로부터 배울 수는 있다는 것이다. 새로운 관점에서 우리는 과거를 이해할 수 있다. 지역 대회를 마치고 학교로 돌아오는 길, 물을 끼얹은 듯 조용하고 어색했던 승합차 안으로 돌아갈 수는 없다. 하지만 비슷한 상황이 닥치면 새로운 방식으로 행동하겠다고 선택할 수는 있다. 내 재능과 능력을 스스로 인정하고, 그것들을 억지로 봉인하지 않을 수 있다. 온전히 나답게 행동함으로써 사람들을 실망시키고 불편하게 만들 수 있다. 내게 '이기적'이라는 단어가 무엇을 뜻하는지 바꿀 수 있다. 나는 이미 그 단어의 의미를 바꾸었다.

나는 나를 위해 산다. 진심으로 내 인생이 내 것이라고 믿는다는 뜻이다. 내가 잘 사는 꼴을 누군가 눈꼴시어 못 본대도, 내가 굳이 무얼 바꾸고 움츠리고 수그릴 필요 없다. 내가 할 일은, 남이 뭐라든 신경 쓰지 않고 내 길을 가는 것이다. 자신의 행복을 위해 사는 게 이기적이라고 생각하는 사람들이 있다고? 그렇게 생각하라지. 내가 할 일은 죄책감에 젖어 그들을 위해 내 인생의 경로를 수정하는 게 아니다. 내가 할 일은 그냥 나답게 사는 것이다. 남들에게 사과하고 싶은 충동을 억누르는 것이다. 뭘 잘못했다고 사과하는가? 세상은 나더러 좀 더 움츠리라고 말한다. 남들의 욕구에 맞추어 순교자가 되지 않으면, 내게 수치심을 준다. 그런 우스꽝스러운 규칙 안에서 살아가지 않기로 선택하는 게 내가 할 일이다. 나 자신의 기쁨과 행복과 치유와 보람을 생각하는 게 이기적이라면, 차라리 이기적으로 살겠다.

그렇게 나는 죄책감을 처리하는 걸 가장 우선순위로 삼았다. 나를 경쟁상대로 보는 친구들과는 연을 끊었다. 자기보다 더 초라하고, 더 불운하고, 덜 빛나는 나를 시녀처럼 거느리고 다니던 친구들. 그 애들은 친구가 아니었다. 나는 내가 붙들고 있던 2인자로서의 정체성을 잊기로 했다. 꿈을 좇는 동안 비참한 기분이 들어야 죄책감이 덜하다는, 잘못된 믿음을 버리기로 했다. 남들의 기분을 맞춰 주느라 나를 돌보지 않는 순교자 자아 역시 포기했다. 남을 긍정하기 위해 나 자신을 거부하는 건 이제 그만둬야 했다. 무얼 잘하는 것에 대해, 어떤 능력을 타고난 것에 대해, 남들보다 빛나고 싶다는 욕망을 부끄러워하는 것도 그만둬야 했다.

하룻밤 사이에 죄책감에서 완전히 벗어나진 못했다. 배운 것을 전부 잊고 다른 삶의 방식을 익히는 데에는 오랜 시간이 걸렸다. 내 경우는 구체적으로 몇 년이 필요했다. 광고팀에서 있었던 일이 내게 처음으로 죄책감을 안겨준 건 아니었다. 그 경험은 기존에 내가 느끼고 있던 죄책감을 강화했을 뿐이었다. 그리고 나를 둘러싼 미디어는 내 죄책감을 수백 배나 더 증폭시켰다. 자기 가치를 아는 여자는 안전하지 않다는 메시지를 전함으로써.

공감할 줄 아는 건 능력이다. 나는 그 능력을 지니고 있다. 어떤 의미에서 나는 공감 능력이 지나친 사람이라고도 할 수 있다. 후셈과 축구 경기를 보는 것조차 힘들 때가 있다. 패배한 팀 입장을 생각하면 매번 마음이 아프기 때문이다. 때론 내 공감 능력이 저주처럼 느껴지기도 한다.

그러나 공감 능력은 주의하지 않으면 바로 그 능력을 지닌 자를 순교자로 이입하게 만들기도 한다. 다른 사람의 경험에 민감할 수는 있다. 그러나 그렇다고 해서 자신의 경험을 줄이고, 기쁨을 억누르고, 일부러 불평하고, 자신의 행복을 깎아내릴 필요는 없다. 기쁨과 행복을 누리는 건 하나도 이기적이지 않다. 내 오랜 믿음은 틀렸던 것이다.

코미디언 민디 케일링Mindy Kaling이 프로그램 〈민디 케일링 프로젝트The Mindy Project〉를 시작했던 때가 기억난다. 그녀는 오로지 자기 자신을 위한 매체를 발명했고, 그에 대해 겸연쩍어 하지 않았다. 자신을 굽히는 일도 없었다. 민디의 프로그램은 대체로 민디가 신나게 자기 재능을 찾아가는 내용이었다. 나는 민디에게 홀딱 반해서 이 프로그램을 시청하면서도 이런 생각을 떨치지 못했다. "민디는 자기가 뭐라도 된다고 생각하나 봐." 자기 프로그램 속에서 민디는 너무나 자신만만했다. 그러지 못할 이유가 없었으니까.

이 프로그램이 내 안의 무언가를 건드렸다. 프로그램에 감탄했고, 민디의 모습이 놀라웠으나, 한편으로는 다소 화가 났다. 질투라고 생각할 수 있겠지만, 그렇게 단순한 감정이 아니었다. 죄책감 없이 당당한 태도로 자신의 재능과 천재성을 마음껏 드러내는 여자를 보며, 나도 그렇게 살고 싶다고 생각했다. 프로그램 속에서 민디는 그야말로 물 만난 물고기 같았다. 게다가 행복해 보였다. 그녀는 타고난 재능에서 오는 즐거움을 억지로 거부하는 유형의 여자가 아니었다. 민디와 그녀의 프로그램에 대해 내가 왜 그렇게 복잡하게 반응했는지 이해하는 데 몇 년이 걸렸다. 그 뒤로도 조금 더 시간이 지나서야, 나 역시 내 재능을 마음껏 꽃피울 수 있었다.

나는 드디어 내 재능을 인정했다. 내 재능을 즐기기 시작했다. 내 재능과 천재성은 오직 나를 위해 주어진 것이다. 즐기라고. 표현하라고. 축하하라고. 사랑하라고, 그로부터 혜택을 보라고 내게 세상이 선사한 것이다. 죄책감을 느낄 필요도, 사과할 필요도 없다. 내 재능을 즐기는 건, 하나도 이기적이지 않다. 내 삶이니까. 당신의 삶도 당신에게 직접적으로 기쁨을 줄 수 있다. 아니, 주어야 한다.

당신이 이 세상에 태어난 건 타인에게 봉사하기 위해서가 아니다. 모든 시간과 노력을 바쳐, 당신을 굽히고 꺾어 가며 남을 편안하게 해주기 위해서가 아니다. 당신에겐 재능을 즐기고 삶을 기뻐할 자격이 있다. **당신은 행복해져야 마땅하다. 자기 회의에 빠져서, 남들에게 공감받기 위해, 다른 누군가 불편하지 않도록 자신을 깎아내릴 필요 없다.**

당신의 잠재력을 봐라. 외부로부터 재능을 발휘해도 된다는 허락이 떨어지기를 기다리지 마라. 당신 안의 위대함으로 걸어 들어가라. 당신의 재능은 큰 무대 위에 있을 수도 있고, 아름다운 삶의 더 작고 조용한 부분에 있을 수도 있다. 어떤 모습을 하고 있든 당신의 삶은 당신을 위한 것이다. 남들을 보살피고 그들에게 힘을 줄 수는 있다. 많은 사람을 사귀며 살아갈 수 있다. 하지만 꼭 이타적으로 희생하는 순교자가 될 필요는 없다.

죄송하다는 말을 달고 살 필요는 없다. 당신은 지금 모습 그대로 존재해도 좋다. 거기서부터 성장하고 진화해도 좋다. 타인에게 허락받기 전에 자신의 재능을 찾아내고 기뻐해도 좋다. 당신의 재능을 즐기는 건, 이기적이지 않다. 오히려 당신의 삶에 필수적이다. 그로써 당신은 단순히 살아남기 위해 살기를 멈출 수 있다. 진정으로 풍성한 삶을 살기 시작할 수 있다.

·····

지나치게 가혹한 세상의 법칙을 머릿속에서 지우면, 그 효과는 미처 예측할 수 없는 방향들로 퍼져나간다. 따라서 파트 1을 오래도록 충분히 곱씹은 다음에 파트 2로 넘어가길 바란다. 파트 1에서 지적한 문제들을 당신의 삶에서 지워내면, 긍정적인 변화가 일어날 것이다. 배운 것을 머릿속에서 지우는 과정은 그 자체로 중요하다. 필수적이고 핵심적인 과정이다. 그게 이 책에서 배운 것을 잊는 데 많은 분량을 할애한 이유다. 번잡스럽고 벅차게 느껴지는 이 세상에서 행복하기 위해 필요한 사고방식을 알려주고 싶었다.

파트 2에서는 당신이 일상에 적용할 수 있는 강력하고 실용적인 변화의 도구 몇 가지를 소개하려 한다. 엄격한 규칙을 제시하려는 건 아니다. 내가 알려주는 원리를 당신이 좋아하는 방식으로, 당신에게 최선이라고 느껴지는 방식으로 적용해 보길 바란다. 궁극적으로는 당신이 오로지 당신의 것으로 느껴지는 삶을 살아가길 바란다. 이래라저래라하는 사회의 규칙들에서 벗어나, 당신 자신의 소망과 직관으로 빚어진 삶을 살아가길 바란다. 해당 파트의 모든 부분은 당신이 스스로를 더 잘 알아가기 위한 내용이다. 당신 자신에 대해 이해하기 위해 배우고 숙달해야 할 개념들이 여기서 소개된다.

여기서 내가 공유하는 도구들이 당신의 여정을 도울 것이다. 당신이 자신에 대해 더 많이 알아가도록, 그럼으로써 행복해지고, 치유되고, 성장하도록 도울 것이다. 그중 어떤 것은 곧바로 당신 안에서 울림을 일으킬지도 모른다. 어떤 것은 삶에 적용하려면 시간이 좀 걸릴지도 모른다. 어느 쪽이든 괜찮다. 이건 여행이다. 당신의 여행이다. 그 여행에서 당신이 기쁨과 놀라움을 두루 맛보길 기원한다.

Chapter 10

의도한 대로 살아라

우리가 사는 세상은 번잡하며, 성공에 대한 정의는 참으로 편협하다. 우리 세상에서 성공은 최고가 된다는 뜻이다. 그런데 과연 모든 사람이 최고가 될 수 있을까? 성공은 영향력 있는 사람이 된다는 뜻이다. 그런데 만약 모두가 업계를 쥐락펴락하는 사람이 된다면, 어떻게 서로 협력할 수 있겠는가? 모든 사람이 전형적으로 성공한 삶을 원하는 건 아니다. 그런데 너무나 많은 사람이 자기가 실제로 원하는 것을 성공 때문에 놓치고 있다. 자신이 진짜로 원하는 성공이 아닌, 세상이 자신에게 원하는 성공에만 집중하고 있기 때문이다. 가장 관습적인 의미로 성공하려면 우리는 남의 기를 죽여야 하고, 자랑해야 하고, 다른 누구보다도 잘나야 한다.

안달복달 끝에 모든 걸 이루는 게 정답이 아니다. 남들에게 자신을 증명하는 것도, 영향력을 발휘하는 것도, 권력을 거머쥐는 것도 정답이 아니다. 정답은 세상의 규범에서 완전히 벗어나기로 선택하는 것이다. 자신이 행복하고 성공한 삶을 어떻게 정의하는지 숙고하는 것이다.

당신이 생각하는 좋은 삶이란 무엇인가? 당신은 성공을 어떻게 정의하는가? 무엇을 할 때 가장 행복한가? 자신이 가장 자랑스러울 때는 언제인가? 당신의 가장 자유로운 삶은 남이 정해주는 것이 아니다. 남에게 가장 번쩍거리고 그럴듯해 보이는 삶이 아니다. 당신에게 맞는 삶은 남에게 보이는 이미지가 아니다.

당신에게 맞는 삶은 당신이 의식한 상태에서, 의도적으로 살아가는 삶이다.

의도적으로 산다는 게 무슨 뜻일까? 의도적으로 산다는 건, 당신이 시간과 돈과 에너지를 어디에 사용할지 적극적으로 선택한다는 뜻이다. 받아들이기 조금 어려운 개념일지도 모르겠다. 지금 갖가지 책임과 의무에 짓눌려 있다고 느낀다면 더욱 그럴 것이다. 하지만 바로 그런 거부감이야 말로 의도적으로 생각하는 일에만 깃드는 아름다움이다. 이 과정에서 자신이 남들의 '짐'을 얼마나 많이 떠맡고 있는지 깨닫게 된다. 재미있거나 힘이 되기보단, 의무처럼 느껴질 뿐인 우정, 습관적으로 붙들고 있는 책임. 보람은 없지만 가장 현실적이고 실용적으로 느껴지는 직업. 그저 깊이 생각하기 싫다는 이유로 내쳐버린, 원래 우리 것이었던 선택들.

보람 있고, 목적 있고, 아름다운 삶은 우연히 주어지는 게 아니다. 그런 삶은 당신이 가장 갈망하는 방향으로 사려 깊게, 꾸준히 내디딘 작은 발걸음들의 총합이다. 의도하는 삶의 본질은 그러하다. 당신이 의무적으로 원해야만 하는 것이 아니라, 사회가 원하라고 가르쳐준 것이 아니라, 남들에게 자신이 잘났다는 걸 증명하기 위한 것이 아니라, 마음 깊은 곳으로부터 원하는 것을 찾아내는 일. 정말로 당신이 원하는 것을 찾아내는 일. 그건 지금껏 당신이 가져야 한다고 생각해 온 거창하고 화려한 야망이 아닐지도 모른다. 강아지 한 마리를 옆에 두고 앞뜰에서 식사하는 편안한 시골의 삶일지도 모른다. 또는 짐 가방을 짊어지고 대도시의 원룸으로 옮겨와, 진실하다고 느끼는 큰 목표에 도전하는 일일 수도 있다.

당신이 원하는 게 구체적으로 무엇인지는 중요하지 않다. 중요한 건, 당신이 마음의 소리에 귀를 기울이는 것이다. **당신이 스스로를 위해 무엇을 원하는지 알아내는 것이다.** 마음 깊은 곳에서. 진실로. 진정하게.

자신이 무얼 원하는지 알아냈다면, 거기서 멈춰선 안 된다. 멀거니 앉아서 하늘에서 원하는 게 뚝 떨어지길 바라선 안 된다. 생각만, 말만 할 게 아니라 즉각 행동해라. 남에게 증명하기 위해서가 아니라, 당신 자신과 당신의 소망들을 존중하기 위해서, 당신이 원하는 것을 귀하게 대하기 위해서, 당신 자신을 사랑하기 위해서. 사랑은 행동에 있다.

연인 관계를 생각해 보자. 연인이 말하는 내용과 행동이 전혀 딴판이라고 상상해 보자. 연인이 말로는 당신을 사랑한다고 하는데, 행동에선 사랑하는 마음이 하나도 느껴지지 않는다고 상상해 보자. 얼마나 이상한 관계인가? 실은, 당신이 당신 자신과 맺고 있는 관계가 정확히 이러하다. 당신이 진심으로 무언가를 원한다고 말하면서 반대로 행동하면, 내적 갈등이 생겨난다. 그로부터 불만족이 생겨난다. 불안이 움튼다. 불행이 자라난다.

반면 당신이 정말로 원하는 것에 일치하도록 행동하면, 당신 안에서 무언가 피어나기 시작한다. 무언가 멋진 것이,

무언가 즐거운 것이 피어난다. 당신이 마음의 소리에 귀를 기울였기 때문에 가능한 마법이다.

연인 관계로 돌아가 보자. 연인이 당신을 사랑한다고 말하고 정확히 그렇게 행동할 때, 부드럽고도 강단 있게 당신의 마음을 보듬을 때, 어떤 느낌이 들까? 연인이 당신에게 귀를 기울이며 당신의 말을 귀하게 여길 때, 말과 행동 모두로 당신을 사랑할 때. 기분이 좋아지지 않을까?

의도하는 삶 역시 그와 같은 방식으로 우리를 기분 좋게 만든다. **마음의 소리에 귀를 기울이고 그것을 따라 행동하는 것은, 말뿐 아니라 행동으로 자신에게 사랑을 보여주는 것이다.**

자신의 말을 지키는 것, 꾸준한 습관을 만드는 것, 자신이 원하는 것을 실제 행동으로 옮기는 것은 전부 근본적으로 자신을 사랑하는 방식이다. 이것이야말로 사랑이다. 사랑의 본질이 말과 의도, 애정 어린 행동이 아니라면 무엇이겠는가? 사랑은 말로만 하는 게 아니다. 말만 있어선 안 된다. 의도만 있어선 안 된다. 행동만 있어서도 안 된다. 그 모든 게 함께여야 한다.

당신이 정말 만들고 싶은 건 1인 기업일지도 모른다. 20명, 60명, 100명의 직원을 거느리며 남에게 대단한 사업가 행세를 하고 싶은 욕망은 없을지도 모른다. 혹은 단지 생계를 유지할 정도로만 일하고 싶을지도 모른다. 저녁마다 취미로 그림을 그리되 그걸로 돈을 벌고 싶진 않을지도 모른다. 반대로 전시회를 여는 꿈이 있을지도 모른다. 일에서 별로 만족을 느끼지 못해서, 단순히 밥벌이를 위한 일자리를 원할지도 모른다. 창조적이고 예술적인 일에서 느끼는 만족이 너무 커서 그것을 중심으로 아름다운 삶을 일구고 싶을지도 모른다. 아이를 키우고 싶을지도 모른다. 아이 대신 개를 키우고 싶을지도 모른다. 소박한 집의 포치에 앉아 자주 미소 지을 수 있는 삶을 원할지도 모른다.

사회가 가치를 두라고 말하는 모든 욕망을 '따라가느라' 바쁜 사람은, 자신에게 가장 큰 만족감을 주는 것을 놓치고 만다. 더 많은 일을 하려고 버둥거리면 번아웃에 빠지거나 기분이 나빠질 뿐이며, 결과적으로는 의도를 가지고 더 적은 일을 하는 것보다 효과는 더 떨어진다.

정확히 의도를 가지고 사는 방법이 어떤 거냐고? 가장 실용적인 방법은 다음과 같다. 일단 당신이 우선순위에 두는 모든 일과, 우선순위엔 없지만 해야 할 것 같은 압박을 느끼는 일을 놓고 이 우선순위와 압박감의 근원을 찾아내는 것이다. 명상을 예로 들어보자. 모두가 입을 모아 명상을 추천한다. 명상이 더 차분한 삶으로 향하는 문을 열어줄 거라고 말한다. 하지만 당신에겐 명상이 맞지 않을 수도 있다. 당신이 명상을 하려는 이유는 단지 남들이 추천해서다. 이건 충분히 강력한 이유가 되지 못한다. 강력한 이유 없이 어떤 일을 꾸준히 한다는 것은 시간이 갈수록 어려워질 수밖에 없다. 누군가에게는 요리하는 게 명상일 수도 있다. 자연에서 산책하는 것이 명상일 수도 있다. 말리부 해변을 걸을 때 나는 명상과 비슷한 상태에 빠지며 기운을 얻는다. 자리에 앉아 20분 동안 호흡에 집중하는 걸로는 그런 상태에 이르지 못한다. 명상은 나와 결이 맞지 않는 행위다.

당신이 하는 모든 것, 당신이 '해야 한다'고 생각하는 모든 것에는 적확한 이유가 필요하다. 이것이 의도대로 사는 삶의 근간이다. '자동 모드'로 조종되는 삶에 이끌려가지 않고, 목적을 가지고 행동하는 것. 의식하고 살지 않으면 사회의 가르침에 휘둘리게 된다. 많은 일을 하고 많은 목표를 이루어야 기분이 좋아진다는 말을 믿는다. 반면 의도대로 사는 사람은, 목적을 가지고 스스로 노력해서 자신에게 맞게 기분 좋은 삶을 건설할 수 있다. 굳이 더 많은 걸 할 필요가 없다. 아침에 일어나 30분 동안 글을 쓰고, 20분 동안 명상하고, 요가하고, 감사 일기를 쓰고, 다이어트 스무디를 만드느라 애쓸 필요가 없다. 아침에 당신을 평온하게 하는 한

가지 행동만 하면 된다. 당신에게 맞는 한 가지만 찾아내면 된다. 한 가지라는 제약이 있으면, 더욱 목적에 충실할 수 있다.

당신이 어떤 일을 하는 이유는 구체적이고 긍정적이어야 한다. 삶에 무언가를 더하는 것이니만큼 이 이유를 찾는 과정을 중요하게 생각하자. 당신이 찾아낸 이유가 수치심이어선 안 된다. 예를 들어, 더 건강하게 먹기를 원한다고 생각해 보자. 당신이 찾아내는 이유가 '내 몸이 보기 싫어. 그러니까 억지로 건강한 음식을 먹을 거야'여선 안 된다. 당신이 찾아낸 이유는 '건강한 음식을 먹으면 머리가 맑아져서 기분이 좋아. 에너지를 채우고 싶어. 건강한 음식을 먹으면 기운을 내는 데 도움이 될 거야'여야 한다.

긍정적이고 좋은 결과를 향해 나아가라. 수치심에서 달아나거나 자신을 질책하는 것으론 오래 갈 수 없다. 긍정적인 이유로 삶에 무언가를 더하면, 꾸준히 해낼 가능성이 커진다. 당신이 지금까지 무언가를 꾸준히 하지 못한 큰 이유는, 당신이 동력으로 삼은 게 수치심이었기 때문이다. 다른 누군가 하라고 해서, 당신이 해낼 수 있다고 남에게 증명하고 싶어서 하는 일은 오래가지 못한다. '부정적' 감정에서 도망치려고 하는 일은 꾸준히 하기 어렵다. 똑같은 행동을 하더라도 의도가 달라지면 모든 게 달라진다. 당신의 생각에 담긴 에너지가 모든 걸 바꾼다.

내가 과거와 달리 꾸준히 운동하는 사람으로 거듭날 수 있었던 건, 긍정적인 이유에 집중했기 때문이다. 동기가 약해지면 나는 나에게 상기시킨다. '운동하고 나면 기분이 좋아져. 기운이 생겨. 정신건강에도 도움이 돼. 운동하고 나면 항상 몸이 가뿐한 느낌이야.' 긍정적인 효과를 기대하면 운동을 하러 가는 발걸음이 훨씬 가벼워진다. 내가 운동하는 건 내 몸이 싫어서가 아니다. 살을 빼야 한다고 느껴서가 아니다. 운동을 해야 '괜찮은 사람'이 된 기분이 들어서가 아니다. 내가 운동하는 건 건강하고 활력 있는 하루를 보내기 위해서다. 강력하고 긍정적인 이유를 찾아낸 덕분에 나는 내가 좋아하는 일을 꾸준하고 즐거운 습관으로 굳혔다.

시간과 주의를 어디에 기울일지 의도적으로 결정하는 건, 좋은 인생의 핵심이다. 초조하고, 혼란스럽고, 압도당한 기분을 해소해 주는 묘약이다. 세속적인 성공의 기준과 '남들만큼' 해야 한다는 모호한 목표가 가하는 압박에서 탈출하는 최고의 해독제이기도 하다. 내려놓고, 단순화하고, 삶에 들이는 모든 것에 긍정적인 이유를 찾아낼 수 있으면 사는 게 훨씬 쉬워진다. 당신과 당신의 행복에 직접적으로 이로운 행동을 취하게 된다.

좋아하는 것을 향해 나아가라. 시간을 의도대로 사용해라. 당신이 시간을 들이는 모든 것이 당신의 기분을 좋게 해야 한다. 사회의 기대에서 벗어나도 된다고 스스로 허락할 때, 당신에게 꼭 들어맞는 아름다운 삶을 만들고자 하는 마음의 소리를 만나게 될 것이다. 그 삶이 남들에게는 그럴듯해 보이지 않을 수도 있다. 그러나 당신에겐 꼭 맞을 것이다. 창조적이고, 사랑스럽고, 집처럼 편안하게 느껴질 것이다.

남들 보기에 어떻든, 무슨 상관인가? 당신의 삶이다. 당신이 어떻게 느끼는지가 중요하다. 당신이 의식적으로 만들어 낸 삶을 당신이 편안하게 느끼는 것이 중요하다. 변화하고, 성장하고, 진화하고, 스스로 새로 발명할 자유를 지니고 사는 것.

당신이 살아야 하는 건 당신의 삶이다. 그러니 정말, 정말 좋은 삶을 살아도 된다. 당신이 진정으로 원하는 목적을 가지고.

Chapter 11

꾸준히 하면 자유로워진다

사람들 대부분은 현대의 삶을 완전히 저버리고 문명의 편의에서 벗어나기 어려워한다. 당신은 그럴 수 있다고? 대단하다. 음, 내겐 그런 삶이 어울리지 않는다. 그래서 나는 현실적으로 생각해야만 했다. 꿈을 모두 이룬 미래로 즐거움을 전부 미루지 않으면서도, 동시에 야심 차고 생산적인 사람으로 사는 법을 배워야 했다. 왜냐면, 꿈을 모두 이룬 미래 따위는 존재하지 않기 때문이다. 삶엔 새로운 난관들이 불쑥불쑥 나타나기 마련이다. '이제 다 이뤘다'라며 종착지에 다다르는 일은 일어나지 않는다. 종종 우리의 삶은 해야 할 일들의 연속으로 묘사되지만, 삶의 본질은 투두리스트가 아니다. 스스로 도전할 과제를 던져주는 건 좋지만, 번아웃에 이르기는 싫다고? 나도 똑같다. 도전하고 싶지만, 내가 원하는 대로 살아갈 자격이 있다고 남들에게 증명하기 위해 도전하고 싶진 않다. 단지 성취에서 오는 보상을 느끼기 위해 도전하고 싶다.

그러기 위해 나는 내가 추구하는 것과 거기서 느끼는 즐거움 사이에서 균형을 잡아야 한다는 걸 깨달았다. '오늘은 여기까지'라고 말한 뒤 멈추는 법을 알아야 한다. 장기적 목표를 가지되, 유연하게 조정해야 한다. 비전을 이루어가는 과정에서 소소한 기쁨을 느낄 수 있어야 한다.

현재와 미래 사이에서 균형을 잡을 때, 가장 유용한 기술은 성실함과 꾸준함이다. 이 둘은 생산성을 최고로 삼는 세상에서 더 많은 걸 이루기 위한 도구로 보일지도 모르겠다. 하지만 알고 보면 성실함과 꾸준함은 끝없이 더 많은 것을 추구하는 '불만족'에 대항하는, 최고의 방어책이다. 우리는 때로 인생에서 원하는 곳까지 이르지 못한 스스로에게 화를 낸다. 하지만 자신을 위해 꾸준히 한 걸음씩 장기적으로 노력해 나가다 보면, 그런 분노는 곧 사라진다.

자신과의 약속을 지키는 건 무척 중요하다. 그것이야말로 만족

스러운 삶의 초석이다. 약속을 지키지 않으면 균형이 깨져버린다. 사람들은 즐거움과 기쁨을 느끼기를 원하는 동시에, 도전하거나 목표에 도달하기를 원한다. 우선순위는 서로 바뀔 수 있지만, 보통 사람들은 이것들을 두루 균형 있게 누릴 때 만족감을 느낀다. 쉬기만 하고 도전하지 않으면 재미가 없다. 놀기만 하고 목표가 없어도 마찬가지다. 사람이 욕구를 갖는 데에는 이유가 있다. 거창하고 화려한 목표가 아니어도 좋다. 자신에게 깊은 의미를 지닌 목표를 향해 성실하게 꾸준히 나아간 끝에 마침내 달성하고 얻는 보상은 무엇에도 비할 수 없다. 이것은 한없이 더 나아가라고 압박하는 끝없는 '노력' 정신에서 벗어날 방법이기도 하다.

날것의 재능은 노력의 기폭제가 된다. 그러나 진짜로 큰 변화를 이끄는 것은—또한 이 여정에서 가장 보람찬 부분은—성실함이다. 뜻밖이라고 생각할지도 모른다. 나 역시 성실함은 엄하고 진지하며 경직된, 수치심과 결부된 특성이라고 생각해 왔다. 하지만 성실함에는 내게 아주 강렬하고도 사적인 보람을 주는 힘이 있었다. **순간의 기분에 좌우되지 않고 나 자신과의 약속을 지키는 일은, 곧 미래의 나를 돌보는 일이다.** 행복에 반드시 외적 성취가 필요한 건 아니다. 하지만 내 안에 숨어 있는 재능을 끄집어내 눈에 보이는 무언가로

다듬고 싶을 때, 무조건 몸을 갈아넣으라는 '노력' 정신의 공격에 대항할 최고의 방법은 성실함에 집중하는 것이다. 꾸준히 나 자신을 위해 헌신하는 것이다.

완전 새로운 목표를 세우고, 그것을 이루기 위해 진지하게 노력한다고 생각해 보자. 물론 처음에는 두려울 것이다. '내가 할 수 있을까?' 하는 의심도 들 것이다. 지금 당신의 위치와 당신이 가려는 목적지 사이의 거리는 너무 멀다. 지금 당신이 가진 능력과 앞으로 갖추어야 할 능력 사이에 놓인, 길고 위태로운 다리를 이제부터 건너야 한다. 무엇이든 새로운 일을 시작할 때는 가려는 목적지가 너무 멀어 보인다. 이 거리에서 비롯한 두려움이 당신에게 분명 실패하고 말 거라고 속삭인다. 당신은 비교를 시작하고, 스스로 부족하다고 느끼고, 빛나는 성공을 거둔 다른 사람과 지지부진하게 정체하는 당신의 모습을 대조한다. 당신은 차츰 노력을 그만두다가 완전히 포기한다.

자신과의 약속을 지키려면 하루의 '기분'에 좌우되지 않는 무언가를 키우는 데 집중해야 한다. 꾸준히 하는 것 자체에 집중하면, 동기가 변덕스럽더라도 걱정할 필요 없다. 그냥 한 걸음씩 나아가기만 하면 되니까.

꾸준함은 우리를 원하는 방향으로 움직이게 해주는 열쇠다. 생각해 보라. 무언가를 오랜 시간 꾸준히 하면, 결과를 얻게 된다. 당장은 아닐지라도 결국은 어딘가에 이른다. 매일 하지 않아도 좋다. 일주일에 세 번만 작은 행동을 실천하면 된다. 습관을 들이는 것이다. 꾸준히만 하면, 실천에서 얻을 수 있는 좋은 결과를 누리게 된다.

최고의 연주자들이 쉼 없이 연습하는 데에는 이유가 있다. 타고나는 재능과 꾸준히 갈고닦아 마침내 의지할 수 있게 되는 재능은 전혀 다르다. 어떤 일을 반드시 최고 수준으로 해내야 한다는 말이 아니다. 다만 꾸준함 속에 얼마나 놀라운 창조력이 있는지 알려주고 싶다. 꾸준한 건 지루하다고 생각해 왔는가? 사실은 정반대다. 꾸준히 하면, 당신의 재능이 꽃피는 순간을 마주하게 된다. 발전하게 된다. 노력과 연습을 지속하고 싶어진다. 꾸준함은 눈에 보이는 긍정적인 결과를 만들어 낼뿐더러, 자신감과 자신에 대한 확신과 즐거움을 낳는다.

엄청나게 대단한 한 걸음을 디뎌야 하는 것도 아니다. 하루에 한 시간씩만 하면 어디서든 유의미한 발전을 이룰 수 있다. 예를 들어 하루 한 시간씩 걷는다고 생각해 보자. 1년 뒤에는 어디까지 가 있을까? 처음에 불가능하다고 느껴졌던 것이, 꾸준히 하면 쉬워진다.

꾸준함은 자유를 준다. 이 말이 이상하게 들릴지도 모른다. 나 역시 습관을 따르는 삶이 지루하고 단조로울 거라고 오랫동안 오해했다. 매일 똑같은 일을 되풀이한다고? 굳이? 그러느니 하루하루를 인생 마지막 날인 것처럼 자유롭게 살겠노라 생각했다. 인생은 한 번뿐이니까. 그렇게 선택한 덕분에 나는 어떤 면에서는 자유를 얻었다. 하지만 그와 동시에, 여러 종류의 불안도 얻었다. 오늘이 실제로 인생의 마지막 날은 아니었기 때문이다. 나는 미래의 나를 전혀 배려하지 않으며 살고 있었다. 모든 짐을 미래의 나에게 떠넘겼다. 내가 자유롭게 산 지금 이 시간에 대한 뒷감당을, 미래의 내가 해야 했다. 나는 미래의 나에게 더 복잡한 문제들을 남기는 셈이었다.

지금 나는 애정 어린 마음으로 미래의 나를 생각한다. 미래에 있는 그녀의 삶을 어떻게 하면 한결 쉽게 만들 수 있을까? 미래의 내가 원하는 만큼 발전해 있으려면, 지금 나는 무얼 해야 할까? 애정을 담아 미래를 준비하는 건, 현재를 미루고 미래에서 사는 것과는 다르다.

이제 나는 습관과 루틴, 헌신, 성실함과 꾸준함을 사랑하게 되었다. 이것들이 내 삶을 구원했다. 이것들이 나를 불안의 손아귀에서 풀어주었다. 다른 거창한 게 아니라 소박하고 재미없어 보이는 이것들이. 이제 나는 미래의 나에게 발전이라는 선물을 주려고 한다.

시작에는 무엇보다도 꾸준함이 제일 필요하다. 새로운 무언가를 시작할 때마다 나는 내가 곧 의심에 빠질 걸 안다. 할 수 없을 거라는 내면의 목소리에 귀를 기울이면, 분명 포기하고 싶어질 것이다. 하지만 나는 머릿속 목소리에 사로잡히는 대신, 작은 노력을 기울이고 꾸준한 일과를 일궈나가는 데 집중한다. 예를 들어 일주일에 세 번, 한 번에 10분씩만 글을 쓰기로 나 자신과 약속한다. 그리고 나는 그 약속을 지킨다. 그 약속을 지키는 데에 모든 에너지를 집중한다. 내가 쓴 글이 형편없어도 상관없다. 어렵고, 불편하고, 영실력이 늘지 않는 것 같아도 상관없다. 나는 단지 꾸준함이라는 추진력을 모으고 있는 것뿐이니까. 실천하는 근육을 키우는 것뿐이니까.

그렇게 계속 나아가면, 완벽해지는 게 아니라 꾸준해지는 데 집중하다 보면, 결국에는 내 안에 뭔가가 쌓인다. 그렇게 나는 '괜찮은' 사람이 되는 데에는 신경을 쓰지 않고, 내가 연마한 실력에 기뻐하기 시작한다. 내가 갈고닦은 재능에 의지하기 시작한다. 모든 게 준비된 시점을 기다릴 필요는 없다. 나는 일단 실천한다. 그러면 준비는 자동으로 되는 것이다.

우리가 때로 악순환에 빠져서 헤어나지 못하는 것은 그곳에서 나가고 싶지 않기 때문이다. 슬픔을, 멜랑콜리를, 일상의 배경음이 되는 불안을 안전지대처럼 느끼는 사람들도 있다. 익숙함을 안전함으로 느끼는 거다. 변화할 희망이 없는 것을 안전하게 여기는 거다. 희망을 품지 않으면, 시도하지 않으면, 한 번 해보지 않으면, 의심이 우리의 가능성을 제한하도록 놔두면 실망할 일도 없다.

실망에도 종류가 있다. 그 중 하나는 행동하지 않는 데서 비롯되는 실망이다. 이런 종류의 실망은 나중에 후회로 발전한다.

많은 사람이 자기 의심에서 벗어나려 노력한다. 우리는 자꾸 무슨 준비가 될 때까지 기다리려 한다. 미래의 자신은 심지 굳게 자신을 믿어줄 거라고 기대한다. 우리가 자꾸만 성취와 인정을 모으려 애쓰는 이유이기도 하다. 그것들을 충분히 모으면, 마침내 사람들로부터 굳은 신뢰를 얻을 수 있으리라 생각한다.

하지만 직접 겪어보니, 자기 의심과 자기 확신은 이런 식으로 작동하지 않는다. 도전하게 만드는 자신감은 실천에서 온다. 자신감은 쟁취하고, 키워내는 것이다. 자신감은

'나는 자신 있다'는 생각에서, 자신감을 얻겠다는 의지에서, 자신감을 '느낄' 때까지 기다리는 데서 오지 않는다.

자신감은 오로지 행동에서 온다.

나는 아주 오랫동안 실천을 극단적으로 회피해 왔다. 능력을 발휘하려면 우선 정신적으로 준비가 되어야 한다고 생각했다. 다른 사람들이 내가 괜찮다고 생각해 주면, 내가 괜찮은 사람이 되리라 생각했다. 하지만 자신감은 외적인 인정에서 오는 게 아니다. 사람들이 나를 믿어주면, 나도 나를 믿을 수 있으리라 착각했다. 그래서 마냥 기다렸다. 남들의 믿음이 내 안에 쌓이기를 기다렸다.

그러다가 결국 나는 기다리기를 멈췄다. 아무리 기다려도 내 안에 아무것도 쌓이지 않았기 때문이다. '준비된' 기분도, 이만하면 '충분하다'는 기분도 영영 들지 않았다.

2016년이 되자마자, 올해만큼은 '나의 해'로 만들겠다는 들뜬 각오로 플래너를 한 권 샀다. 나는 동봉되어 있는 스티커를 데스크톱 모니터에 붙였다. 스티커에 적힌 문구는 이러했다. '두려움을 고치는 약은 행동이다.' 두려움을 치료할 약이 있다는 생각이 마음에 들었지만, 처음에는 온전히 와닿지 않았다.

그해에 나는 점점 더 행동을 취하기 시작했다. 내게 제일 중요한 것들부터 시작했다. 그러자 두려움이 사라졌다. 처음부터 존재하지 않았던 것처럼, 두려움이 사라졌다. 더 많이 행동할수록, 생각으로 무언가를 고치려는 노력을 그만둘수록, 나는 점점 더 내 머릿속 세계에서 벗어나 진짜 인생으로 뚜벅뚜벅 걸어 들어가야 할 중요성을 깨달았다.

내가 진 빚을 전부 스프레드시트에 기록하자, 재정적 두려움이 수그러들었다. 첫 번째 디지털 수업 개요를 작성하자, 수업에 대한 두려움이 줄었다. 인스타그램에 포스팅을 더 많이 올리고 수치심에 대해 덜 생각하자, 내 안에서 두려움이 싹틀 공간이 사라졌다. 글을 쓸수록 두려움이 줄었다. 운동할수록 실천하지 못하리라는 걱정이 줄었다. 내가 자신과의 약속을 존중할수록 자신감이 늘었다. 나 자신에게 신뢰받고 이해받는 기분이 들었다.

두려움을 고치는 약은 행동이다. 행동에는 그뿐 아니라 다른 효과도 있다. 행동은 자신감을 키워준다. 스스로를 믿게 해준다. 마음속에 신뢰를 심어준다. 그런 의미에서 행동은 발전기와 같다. 자신과의 약속을 지키는 건 나는 나를 절대 버리지 않을 거라고, 나를 믿어도 된다고 알려주는 것과 같다.

모든 인간관계에서, 특히 연인 관계에서 사람들은 '말보다 행동이 강하다'라고 이야기하곤 한다. 이 말은 우리가 자신과 맺는 관계에도 똑같이 적용되지 않을까? 말보다 행동이 강하다. 자신을 위해 실천할 때, 믿음이 생겨난다. 자신에 대한 사랑이 생겨난다. 당신 자신에게 의지해도 좋다는 신뢰가 생겨난다. 당신에겐 이제 든든한 아군이 생겼다. 바로 당신 자신이다. 내가 나를 의지해도 좋다고, 믿어도 좋다고, 신뢰해도 좋다고 생각하는 순간 무슨 일이 일어나는지 아는가?

마법이 일어난다.

정말 진심으로 하고 싶은 일이 있으면, 그 일을 이뤄내기 위해 밟아야 하는 작은 단계들의 목록을 만들어 보자. 각 단계를 완수하기 위한 실행 가능하고 현실적인 계획을 세워야 한다. 그리고 단계를 아주 작은 행동들로 쪼갠다. 그렇게 발전해 나갈 추진력을 쌓아나간다. 한 번에 모든 걸 해낼 필요는 없다. 행동의 근육을 만들고, 꾸준함과 성실함을 쌓아가는 데 집중하면 된다.

당신이 정한 작은 단계들을 완수해라. 당신 자신에게 헌신해라. 작은 단계를 완수할 때마다 매번 축하해라. 과하다고 느껴질지도 모른다. 하지만 이를 통해 당신은 작은 승리를 소중히 여기도록 단련된다. 큰 성과는 언제나 작은 승리의 집합으로 이루어진다. 작은 승리야말로 우리를 앞으로 나아가게 한다. 스스로를 자랑스러워해도 좋다.

제일 좋은 생각들을 마음속에 묻어 둔 채 모든 게 '준비' 될 날만 기다리지 마라. 당신이 자신에게 주고 싶은 바로 그 것을, 더 이상 바깥에서 찾지 말아라. 작은 단계를 완수하고, 두려움을 이겨내고 행동을 취하면 자부심이 솟구칠 것이다. 어떤 것에도 비할 수 없이 좋은 기분이다.

꾸준함에 뒤따르는 또 다른 이득은 결과에 대해 덜 걱정하게 된다는 것이다. 꾸준히 자신의 일을 하는 것, 발전하는 것, 노력하는 것. 여기엔 그 자체로 보상의 효과가 있다. 꾸준함은 그 자체로 선물이다. 지루하지 않냐고? 전혀. 꾸준함은 오히려 짜릿하다. 꾸준히 실천하는 일 자체가 목표에 가까워지는 것보다 더 짜릿해지는 순간도 올 것이다. 노력은 온전히 당신의 것이므로. 오롯이 당신이 쌓아 올린 것이므로. 헌신과 꾸준함은 삶에서 아주 긍정적인 추진력을 만들 수 있다.

삶에서 진심으로 시작하고 싶은 일이 있는가? 그런데 두려움으로 인해 실천에 옮기지 못하고 있었는가? 그렇다면, 한 가지만 기억해라. 새로운 것을 하려면 당신 안에 있는 구멍을 메워야 한다. 자신에게 품은 의심도 그런 구멍의 하나다. 자신에게 의심을 느낀다는 건, 당신이 새로운 것에 도전하고 있다는 뜻이다. 당신이 부족하다거나, 재능이 부족하다는 뜻이 아니다. 두려움이 하는 말에 귀를 기울이지 마라.

당신이 스스로를 위해 할 수 있는 제일 좋은 일은, 작은 단계들로 이루어진 계획을 세우는 것이다. 작은 것부터 시작해라. 당신이 생각하는 것보다 훨씬 작은 것부터. 장담하는데, 작은 것들이 차츰 당신 안에 쌓일 것이다. 당신이 상상하는 것보다 더 빠르게. '얼른 충분히 잘 하고 싶은' 다급한 욕구를 잠시 잠재우고, 실천에 집중해라. 노력에 집중해라. 꾸준함에 집중해라.

무언가를 꾸준히 하기 시작하면, 인생은 스스로 살 길을 찾아낼 것이다. 믿기 어려운 눈앞에 일들이 일어날 것이다. 그동안 잃어버렸던 꿈이 되돌아올 것이다. 새로운 열망이 모습을 드러낼 것이다. 목표한 곳까지 데려다줄 긍정적인 추진력을 쌓아올리는 데 정말 필요한 게 무엇인지 깨달으면, 그 순간 당신은 아마 깜짝 놀랄 것이다. 발전은 그 자체로 선물처럼 느껴질 것이다.

'충분히 준비되기만을' 기다리는 태도를 고치는 해독제는 매일 조금씩 쌓아가는 행동이다. 나아가는 것이다. 꾸준해지는 것이다. 타협하지 않고 헌신하는 것이다. 시간을 들이는 것이다. 당신 자신에게 약속을 지키는 것이다.

자신과의 약속을 지키는 건 믿을 수 없을 만큼 즐거운 일이다.

　한번 해봐라. 내 말이 맞는지, 직접 확인해 봐라.

Chapter 12

그냥 한번 해봐도 된다

우리 사회에는 널리 퍼진 잘못된 믿음이 하나 있다. 지금 있는 곳과 다른 어딘가에 다다르면, 남이 이룬 것을 이루면, 그때 행복해지리라는 믿음이다. 우리보다 잘사는 것처럼 보이는 사람의 자리에 가면 모든 것이 좋아지리라는 믿음. 그러면 모든 잘못된 것이 바로잡히고, 다시는 고통이나 불안에 사로잡히지 않으리라는 믿음. 소위 '셀러브리티'에 대한 애증이 여기서 기인한다. 우리는 그들처럼 되고 싶으면서도, 우리 삶보다 나아 보이는 삶을 사는 그들을 증오한다.

그런데, 여기엔 중요한 사실이 빠져 있다. 첫째, 그런 성공을 누리는 모두가 행복한 건 아니다. 삶은 "1 더하기 1은 2"처럼 간단한 등식이 아니다. 성공을 누릴 준비가 되지 않은 사람에게 찾아온 성공은 도움이 되기는커녕 오히려 상처가 될 수도 있다. 스스로 성공을 누릴 자격이 없는 사람이라고 생각하거나, 성공만 하면 모든 문제가 해결되리라 믿는 사람의 경우가 그러하다. 이런 사람에게 성공은 그가 벗어나려 했던 모든 것을 오히려 증폭시켜 돌려준다.

　둘째, 성공을 받아들이고 허락하는 것은 생각보다 훨씬 어렵다. '글쎄, 유명한 부자가 되면 사고방식을 바꾸거나 치유하는 작업 따윈 필요하지 않을 거야.' 많은 사람이 이렇게 생각한다. 부자나 유명인이 스스로 목숨을 끊으면 놀란다. '그 사람은 모든 걸 다 가졌잖아!' 그렇다. 그들도 아마 남들과 똑같이 믿고 있었을지 모른다. 부자가 되고, 유명해지고, 남들의 사랑을 받으면 행복해질 거라고. 괴로운 감정들은 자연히 자취를 감출 거라고. 그런데 목적지에 도달해 보니, 그냥 사라지는 건 아무것도 없다. 명성과 돈은 아무 효력이 없다. 내면의 가장 약하고 망가진 부분을 오히려 더 부풀릴 뿐이다. 여기에 더해 이제는 남들의 기대에 부응하며, 완벽한 겉모습을 유지해야 한다는 압박마저 더해진다. 그 기대에 어긋나게 되면, 복에 겨웠다는 소리를 듣게 된다. 돈과 명성이면 모든 문제가 해결되리라고 생각했는데, 그러지 않은 현실을 맞닥뜨리고 절망감을 느낀다.

보통 사람들 역시 있는 그대로의 행복을 받아들이고 허락하기 어려워한다. 많은 사람이 기분 좋게 사는 법을 모른다. 그게 미국인들이 돈을 그저 모으고 또 모으는 데 그토록 몰두하는 이유다. 미국인들은 돈이 곧 행복이라고 생각한다. 그래서 과소비하고, 무리하면서까지 모든 희망과 꿈을 부자가 되는 데 쏟는다. 그게 행복이라고 배웠으니까.

빈곤하게 사는 사람이 기본급을 받아서 행복해지지 못한다고, 안전해지지 않는다고 말하려는 게 아니다. 가난한 사람을 탓하려는 것도 아니다. 더 이야기하지는 않겠으나, 부유한 선진국인 미국에서 집 없이 빈곤 속에 살아가는 인간이 넘쳐난다는 건 분명 윤리적 차원의 문제다.

성공에 다다른 듯 보인다고 해서 행복과 치유가 저절로 찾아오는 것은 아니다. 그 사실을 깨달으면, 인생에 새로운 길들이 열린다. 행복을 지금 이 자리에서 받아들이지 못하는 사람은, 제 분야에서 정점을 찍고 크게 성공해도 행복을 받아들이지 못할 가능성이 크다. 야망을 낮추라는 얘기가 아니다. 노력의 방향을 조정하라는 얘기다. 사람들은 충분히 축적하고 충분히 성취하면 내면을 치유하는 작업을 회피할 수 있다고 생각한다. 하지만 그렇게 믿기엔 으리으리한 저택에 살면서 행복하지 않은 사람들이 너무 많다. 고립된 사람들. 남에게 친절하지 않은 사람들. 마약과 알코올에 의존하는 사람들. 은행 계좌와 소유한 재물을 제외하고는 모든 것에 단절된 사람들. 나도 좋은 물건을 좋아하지만, 물건은 내가 즐길 수 있는 대상이지 나라는 인간의 가치를 결정하는 존재는 아니라 생각한다. 그게 내게 있어 물건이 갖는 지위다.

누군가에게 명성은 짐이 될 수 있다. 우리가 마땅히 원해야 한다고 배운 화려한 성공 역시 부담스럽게 느껴질 수 있다. 그런데 우리는 명성과 성공이 무조건 좋다고 가정한다. 부유하고 유명한 사람은 결코 불행할 수 없다고 착각한다. 평생 만날 일 없는 남에 대해 그렇게 생각하는 게, 나에게 과연 어떤 영향을 미칠까?

축복을 받아들이려면 먼저 준비되어야 한다. 더 많은 게 항상 좋다는 건 착각이다. 착각에 빠져 사느라, 우리는 덜 가졌을 때도 충만할 수 있다는 사실을 간과한다. 맞지 않는 옷에 몸을 욱여넣느라 우리 자신의 삶을 완전히 놓쳐버린다.

당신이 정의하는 위대함은 무엇인가? 당신의 진짜 꿈은 유명한 배우가 되는 걸지도 모른다. 멋진 로고를 만드는 사업을 시작하는 걸지도 모른다. 당신이 무엇을 원하는지 나는 모른다. 하지만 더 나은 것에만 집중하느라, 당신보다 잘 사는 사람들에게만 집중하느라, 외부에 정신을 파느라 당신에게 맞는 일을 놓치지는 말았으면 좋겠다.

당신에게 맞는 것을 받아들일 준비를 해라. 우선 행복을 받아들여라. 행복해지려고 한번 시도해 봐라. 그다음, 지금 이 자리에서 어떤 꿈과 열망이 피어오르는지 살펴봐라. 마음속에서 피어난 당신만의 꿈을 귀하게 여겨라. 당신을 귀하게 여겨라. 당신의 삶을 귀하게 여겨라. 당신만의 고유한 길을 따라가라. 우리는 모두 위대해질 수 있는 존재들이다. 물론 사람마다 위대함의 모습은 다르다. 그래도 괜찮다. 원래 그런 것이다.

우리는 매사에 너무 진지하다. 지나치게 진지하다. 어떤 진로를 확실하게 정하고, 목표를 이루기 위해 온 몸을 던져 노력하라고 배웠다. 결코 포기하거나 그만두거나 방향을 틀면 안 된다고 배웠다. 우리가 가야 한다고 생각한 곳에 이르지 못하면―우리가 정한 길에서 성공하지 못하면―남들을 실망시키는 실패자가 된다고 배웠다.

하지만… 다른 길을 가보았다면 어땠을까?

그렇다. 이것이야말로 결정적인 질문이다.

당신이 당신의 인생으로 실험해 봤다면 어떻게 됐을까? 멀리 돌아가는 것에, 방향을 전환하는 것에, 거절당하는 것에 그럴듯한 의미를 부여하려 안달하는 대신, 그 모든 경험을 있는 그대로 수용했다면 어떻게 됐을까? 당신이 '정해 놓은' 목표를 내려놓았을 때 당신이 상상한 것보다 더 나은 목적지에 이르게 될 거라고 믿었다면, 어떻게 됐을까?

당신의 인생으로 실험을 한 번이라도 해봤다면, 어떻게 됐을까?

음악을 만들고 싶다고 상상해 보자. 그게 당신에게 맞는 일이란 건 안다. 어릴 적부터 노래하고 작곡하는 일을 꿈꿨다. 하지만 뭔가를 하려면 제대로 해내야 한다는 생각에, 돈벌이로 삼을 수 있어야 한다는 생각에 선뜻 시작하지 못했다. 정말 능력이 있는지 확신이 없었다. 진짜 좋아하는 일이긴 한데 '제대로 잘하지' 못하면 어떻게 될지 두려웠다. 그래서 몇 년 동안 음악을 만드는 것에 대해 생각만 해왔다. 실천하지 않을수록 생각은 늘어만 간다. 그럴수록 실천은 점점 불가능하게 느껴진다. 짐스럽게 느껴진다. 세계 최고의 뮤지션이 되지 못할 거라면 해볼 가치가 없다. 그 일로 생계를 유지할 수 없다면 시도할 가치가 없다. 이제 분노가 차오른다. 후회가 든다. 이건 당신이 실패했다는 증거다.

그렇지만… 아직 여러 곡을 작곡해 본 건 아니다. 당신은 지금 잠깐 머릿속에서만 그 커리어로 살아봤다. 미리 모든 걸 알고 시작해야 한다는 강렬한 압박에 짓눌렸다. 당신의 음악이 '잘될지' 알아야 했다. '성공'할지 알아야 했다.

그런데 될지 안 될지, 성공할지 못 할지 신경 쓰지 않았으면 어떻게 됐을까? 그냥 음악으로 실험해 봤으면, 어떻게 됐을까? 어떠한 기대도 압박도 없이 그냥 실행했다면? 그냥 재미있어서 해봤다면? 그냥 좋아서 시간이 날 때마다 작곡하고 노래하고 악기를 연주했다면?

그랬을 때 당신은 음악을 커리어로 삼으면 고유의 즐거움이 사라진다는 걸 깨달았을지도 모른다. 예술로써 돈벌이를 하는 게 당신의 궁극적인 꿈이 아닐 수도 있다. 1년 동안 '낚시성' 기사를 질리도록 써봤기에 하는 말이다. '진짜 작가'가 되는 게 나의 궁극적인 꿈이라고 생각했는데, 현실은 생각과 너무 달랐다. '진짜 작가'로 일하는 건 내 영혼과 즐거움을 좀먹는 일이었다. 작곡과 노래는 당신의 배출구일지도 모른다. 당신의 취미일지도 모른다. 또는 굳이 당신의 '무언가'가 아닌데, 그냥 하는 일일지도 모른다.

직접 작곡해 보면, 실은 당신이 작곡을 별로 좋아하지 않는다는 걸 알아차릴지도 모른다. 현실의 작곡은 머릿속에서 하는 작곡보다 훨씬 재미없을지도 모른다. 그래서 사실 당신이 좋아한 건 음악이 아니라 그냥 무언갈 창조하는 기분 자체였다는 걸 깨달을 것이다. 그래서 이번엔 마이크를 들고 팟캐스트를 시작할지도 모른다. 보이스오버를 시작할지도 모른다. 프리랜서로 부업을 시작했다가, 전업으로 하게 될지도 모른다. 당신의 창조성은 음악이 아닌 어딘가 다른 곳으로 향할 수도 있었던 것이다.

작곡을 이어가다가, 유명한 가수가 될지도 모른다. 당신의 노래가 라디오에서 흘러나올지도 모른다. 어떤 일이 벌어질까? 실험하고 새로운 시도를 해보지 않으면 알 수 없다.

잘되지 않을까 봐 걱정하는 마음을 버리고 세상으로 나아가지 않으면, 당신은 영영 알 수 없다.

그러니 시도해 봐라. 한번 해봐라. 인생으로 실험해 봐라. 어차피 인생은 하나의 커다란 실험 아닌가. 당신의 인생은 한 번뿐이다. 당신이 어디로 가게 될지 모른다. 이 땅에서 얼마나 지낼지도 모른다. 사실, 인생 자체가 실험이다.

실험에 맞서 싸울 수도 있다. 실험을 받아들일 수도 있다. 있는 그대로 받아들이면, 실험은 훨씬 재미있어진다.

그러니 해봐라. 그냥 즐겨 봐라.

Chapter 13

일어날 일이
일어나게 두라

우리는 미래를 통제하려는 강박 때문에 걱정하고, 스트레스를 받고, 불안에서 허우적댄다. 미래는 본디 불확실하다. 그런데 우리는 그 사실을 알면서도 기를 쓰고 어떻게든 호화로운 계획을 세운다. '내 미래는 이렇게 될 거야. 내 인생은 이렇게 풀릴 거야. 이렇게 하면 행복해질 거야.' 우리는 할 일들로 목록을 만들고, 계획을 세운다. 그리고 계획이 계획대로 술술 풀리지 않을 때 스트레스를 받고 실망한다.

그러나 계획은 애초에 필요하지 않았다.

우리가 자꾸 계획을 세우는 건, 머릿속에 구체적인 이상이 들어 있기 때문이다. 우리는 무얼 가져야 자신이 행복해질지 정확히 알고 있다고 믿는다. 그것을 손에 넣기만 하면, 더 잘살 수 있다고 믿는다. 그래서 우리는 머릿속에 그 이상이 실현된 유토피아를 세운다. 지루한 일상에 시달릴 때면, 유토피아로 도피한다. 이상은 우리가 지정한 목적지가 된다. 우리는 그 목적지가 최대한 멀리 손을 뻗으면 닿을 수 있는 곳이라고 생각한다. 그곳에 가기만 하면 마음의 평화를 찾을 수 있으리라 믿는다. '지금 내가 불안한 건 그곳에 도착하지 못했기 때문이야. 왜 아직 도착하지 못했지? 다른 사람들은 모두 이미 간 것 같은데. 내가 남들보다 뒤처졌구나. 따라잡아야겠다. 더 많이 노력해야겠다. 영혼을 불살라야겠다. 여기서 멈출 수 없어. 쉴 수 없어. 마음을 편히 먹을 수 없어. 그곳까지 가야 하니까. 그곳에 도착하기만 하면, 나도 괜찮아질 거야. 내 인생에도 가치가 생길 거야. 남들을 따라잡을 거야. 남들만큼 잘살 거야. 그곳에 도착하기만 하면 돼. 그러면 인생이라는 게임에서 망하지 않았다는 증거를 얻었으니 마침내 행복해질 거야. 남들을 따라잡았어. 남들만큼 했어. 이만하면 괜찮은 삶이야.'

그런데, '그곳'이라는 개념은 대체 어디서 왔을까? 우리가 갈망하는 목적지의 정체는 무엇일까? 우리는 머릿속에 그린 미래에 실제로 어떤 의미를 부여했을까? 도착했을 때 그곳이 정말로 마음에 들지는 어떻게 알까?

나는 백일몽과 상상과 계획에 빠져 일생을 허비했다. 나는 하나의 온전한 세계를 상상해 냈다. 공상 속 세계는 안전하고 편안했으며, 고통과 실망은 존재하지 않았다. 약속받지 못한 지평선을 하염없이 바라보는 일에 얼마나 많은 시간을 허비했는지 모르겠다. 언젠가는 내 인생도 나아질 거라고 희망 회로를 돌리면서, 계획도 수없이 세웠다. 그 계획의 기준은 내 나이였고, 경험이었고, 스스로 느끼는 자격이었으며 '이미' 일어났어야 마땅하다고 느끼는 일들이었다. **나는 남들의 삶을 내 삶의 바로미터로 삼았다.** 남들에게 일어난 일이 내겐 일어나지 않았다면, 내가 남들보다 못하다는 증거였다. 그게 내가 인생을 생각할 때 사용한 공식이었다.

이 공식 때문에 나는 불필요한 불안 에너지를 만들어 냈다. 스트레스에 짓눌려 얼마나 오랜 시간을 보냈는지 모른다. 내가 예상한 대로 일이 풀리지 않을까 봐 걱정했다. 내가 머릿속에서 만든 계획이, 정확히 내가 예상한 대로 흘러가지 않으면 심하게 스트레스를 받았다.

2020년에 나는 소설을 한 편 썼다. 그 소설로 뭘 어떻게 할지, 내겐 전부 계획이 있었다. 당시 내 에이전트에게 원고를 보낼 생각이었다. 그럼 에이전트가 출판 계약을 따내겠지. 그 뒤로는 1년에 소설을 한 편씩 쓸 계획이었다. 아무런 경험도 없는 내가 아무것도 모르고 세운 허황된 계획이었다. 그냥 단순히 이렇게 하겠다고 결정한 것에 불과했다. 하지만 나는 계획을 세운 다음부터 그 계획을 따르려고 정말, 정말 심한 통제를 시작했다. 그때 나는 돈벌이를 위해 부업으로 글을 쓰고 있었는데, 그 일이 내 계획에 방해가 되자 일을 증오하게 되었다. 내가 '뒤처졌으며' 남들을 '따라잡아야' 한다는 극도의 불안과 공포가 몸 안에서 꿈틀거리기 시작했다. 나는 내가 소설가가 되어야 한다고 생각했다. 그러면 충만함을 느낄 거라고 믿었다. 내 인생에 빠져 있던 조각이 그것이라고 확신했다.

통제하려는 강박은 금세 나를 조종하기 시작했다. 나는 어느덧 그 강박에 질질 끌려다니기 시작했다. 나는 나 자신의 자유 의지를 신뢰하지 못했다. 내가 기대하는 삶으로 어떻게든 나 자신을 끌고 가야 한다는 강박에 몸을 내맡겼다.

충동적이고 자유롭게 살던 과거에서 벗어나 인생의 궤적을 바꾸려 시도하다가, 나도 모르게 극단으로 넘어가 버린 것이다. 자유로운 영혼이었던 나는 갑자기 통제광이 되어

버렸다. 나 자신을 마음대로 살도록 놔둘 수 없었다. 마음대로 살던 과거에 겪은 일들을 다시 겪고 싶지 않았다. 나 자신을 제대로 통제해야 내가 의미 있는 발전을 이룰 수 있으리라 생각했다.

계획했던 대로 나는 내 에이전트에게 소설을 보냈다. 불안이 최고조에 달했다. 그녀가 뭐라고 평가할지 두려웠다. 원고가 아직 완성되지 않은 것 같다는 회신이 돌아오자, 나는 내 계획이 망가졌다는 생각에 심하게 분노했다. 허황된 계획에 과몰입해 있다가, 처음으로 크나큰 걸림돌을 마주친 것이다.

계속 이런 생각이 머릿속을 맴돌았다. '이게 아닌데.' 그 생각에 사로잡혀 있는 동안, 나는 폐인이 되었다. 그렇게 지내던 어느 주말에 나는 깨달았다. 나를 망가뜨리고 있는 건 나 자신이었다. 나를 좌절하게 만든 건, 계획에 중독된 나 자신이었다. 나를 가장 불안하게 하는 건, 소설 원고가 내가 정한 타임라인에 따라 진행되어야 한다는 나의 강박이었다.

그 사실을 알아차리고, 나는 강박에서 한 발짝 물러나 차분히 생각하기 시작했다. 나는 내 원고를 믿었다. 나 자신의 회복 탄력성도 믿었다. 그래서 나는 사람들의 만류에도 불구하고 중요한 결단을 내렸다. 에이전트와 결별한 것이다.

내 계획을 꼭 붙들고 있던 손아귀에 힘을 풀었다. 나 자신에게 말했다. '내가 소설가가 될 운명이라면, 내 소설이 세상의 빛을 보게 될 운명이라면, 어떻게든 실현될 거야. 어떤 방법으로든 실현될 거야.' 그때 내겐 이런 믿음은 아직 낯설었다. 하지만 나는, 그렇게 믿는 사람이 되고 싶었다. **결과에, 계획에, 정확히 내가 원하는 대로 일이 풀리는 것에 집착하는 사람이 되고 싶지 않았다.** 내가 근시안일 수 있다는 걸 인정했다. 언제나 큰 그림을 볼 수 있는 건 아니다. 나는 내 인생을 조감도로 볼 수 없다. 어쩌면 지평선 너머 보이지 않는 곳에, 더 나은 게 기다리고 있을지도 모른다. 어쩌면 내가 예상하거나 계획할 수 없는 무언가 나를 향해 다가오고 있을지도 모른다. 그것을 한번 믿어보면 어떨까?

에이전트와 결별하고 2주 뒤, 나는 원고를 다른 문학 에이전시 몇 군데에 보냈다. 수정은 하지 않았다. 그저 어떤 일이 벌어지는지 지켜보고 싶었다. 원고를 여러 사람에게 보여주는 게 좋겠다는 직감이 들었다. 몇백 명에게 보여줄 수는 없겠지만, 적어도 몇 사람에겐 보여주고 싶었다. 그냥, 내 원고의 힘을 확인해 보고 싶었다.

회신을 기다리며 나는 내 소설에 어떤 일이 벌어질지 생각하지 않으려 애썼다. 내가 맞이할 모든 결과에 관심을 갖지 않으려 애썼다. 내 작품이 어떤 성과를 거둘지, 사람들이 뭐라고 생각할지 서둘러 예측하고 싶은 마음을 다스렸다. 내게 주어진 길이라면, 어떻게든 내게 열리리라 믿었다. 단순히 그 길이 이끄는 대로, 그때그때 필요한 행동을 취하겠다고만 생각했다. 모든 걸 통제하려는 강박은 그만둬야 했다.

몇 달 뒤, 나는 마음속으로 최우선 순위에 두고 있던 문학 에이전시와 계약하게 되었다. 에이전트는 내 소설과 사랑에 빠졌다고 말했다. 통제를 내려놓겠다고 결정하자, 오히려 꿈이 내게 성큼 다가왔다. 내가 계획했던 것과는 전혀 다른 방식으로. 이제 나는 내 글이 나를 어디로 데려가는지 지켜보는 게 설렌다. 무엇도 억지로 하지 않는다. 무리하지 않는다. 계획도 세우지 않는다. 있는 그대로 흘러가게 둔다.

이게 내 새로운 만트라다. "일어날 일이 일어나게 두라. 내게 맞는 길이라면, 내 앞에 열릴 것이다."

나는 계획을 원하지 않는다. 통제를 원하지 않는다. 다만 삶이 나를 놀라게 해주길 원한다. 그저 내가 올바른 때, 올바른 장소에 있길 원한다. 내 삶에 공시성이 있길 원한다. 이끌리길 원한다. 직관에 귀를 기울이고, 내가 있어야 할 정확한 자리에 있고 싶다. 내게 맞는 것만을 원한다. 내게 맞는 것과 합치되기를 원한다. 내가 상상할 수 있는 것보다 더 좋은 일들이 마구 벌어지길 원한다. 내 계획보다 나은 삶이. 더 마법 같고, 재미있고, 짜릿한 삶이.

인생의 모든 결과를 통제하려는 욕구가 우리의 가능성을 제약한다.

통제에는 교활한 구석이 있다. 우리에게 벌어지는 일을 실제로 통제할 수 있다고 착각하게 만든다. 그래서 많은 사람이 통제권을 잡았을 때 안전하다고 느낀다. 그러나 내가 경험을 통해 배운 건, '계획'이란 대체로 기반이 허술하다는 것이다. 우리가 계획을 세우는 기준은 두 가지뿐이다. 1) 다른 사람이 이미 지녔으니 자신 또한 원해야 한다고 생각하는 것. 2) 과거에 가능했던 것, 또 스스로에게 가능하다고 생각하는 것. 그런데 이 두 기준은 확장성이 전혀 없다. 그렇게 통제는 우리 삶이 나아질 수 없도록 제약을 건다.

통제를 내려놓는다는 건, 인생을 느슨하게 전망하며 사는 것이다. 모든 우회로에, 갑작스러운 방향 전환에 마음을 열어두는 것이다. 우리는 너무 쉽게 남들과 자신을 비교한다. 비교한 다음에는 자연스럽게 자신의 삶을 통제하려 든다. 남들에게 잘사는 것처럼 보이려면, 남들이 가진 모든 걸 갖춰야만 할 것 같기 때문이다. 하지만 마음을 열고 살면, 마음의 소리를 들으면, 자신만의 고유한 길을 따라가면, 결국은 인생을 통제할 필요가 크게 줄어든다. 다시 말해 통제하고 싶은 마음이 든다는 건, 우리가 비교하고 있다는 뜻이다. 인생에 정답이 있다는 사고방식에 사로잡혀 있다는 뜻이다. 기대를 바꿔라. 결과의 의미를 바꿔라. 내 가치가 외부에 있지 않다는 걸 깨달으면, 통제하려는 욕구는 곧 매력을 잃을 것이다.

과거에 나는 계획을 세우고, 어떤 수를 써서든 이를 악물고 계획을 지키면 내가 가장 행복해지는 방향으로 일이 풀리리라 생각했다. 그런데 여기엔 함정이 있다. 모든 게 반드시 내가 기대한 대로 풀려야만 한다는 것이다. 그러지 않으면 실망하게 된다. 당연히 불안해진다. 그래서 일이 생각대로 풀리지 않으면, 우리는 핑계를 만들곤 한다. 우리가 못나서, 부족해서, 또는 과거에 어떤 불안하거나 상처가 되는 경험을 해서 그렇다고. 하지만 그건 사실이 아니다. 일이 생각대로 풀리지 않은 건, 애초에 그렇게 될 일이 아니었기 때문이다. **일이 풀리지 않은 이유를 찾지 않을 때, 그때 비로소 일 자체에 집중할 수 있다. 그래야 일이 정말로 잘 풀리게 된다.**

이를 악물고 통제하려 들 때, 우리는 착각한다. 실제로 일이 어떻게 풀려나갈지 우리가 다 알고 있다고 착각한다. 하지만 일이 어떻게 풀릴지 우리가 대체 무엇을 근거로 알 수 있는가? 우리에게 그 근거는 대개 다른 사람의 경험이다. 남들과의 비교다. 이는 사회가 우리에게 들이미는 체크리스트다. 그 체크리스트를 무시해야 훨씬 진정한 삶을 살 수 있다.

우리의 삶이 어떻게 흘러갈지, 우리는 모른다. A에서 Z까지 이미 안다고 생각하지만, 사실은 까맣게 모른다. 어쩌면 Z까지 가고 싶다는 것부터가 우리의 착각일지도 모른다. 어쩌면 우리에게 맞는 건 전혀 다른 방식일지도 모른다. 그런데 우리는 조금이라도 길을 돌아가면 큰일이 나는 것처럼, 기필코 자신이 정한 길을 이탈하지 않으려 애쓴다.

통제하려는 강박을 내려놓는 일에는 아름다움이 있다. 당신의 일이 계획대로 풀리지 않더라도 당신은 불안의 소용돌이에 빠지지 않는다. 계획의 완전히 바깥쪽에서 지내는 것을 즐기게 된다. 계획 안이 아닌, 밖에 있기를 선호하게 된다. 계획 밖은 위험하지 않다. 오히려 근사하다. 당신에게 어떤 일이 일어나든, 오로지 당신만을 위해 준비된 것처럼 느껴지기 때문이다. 억지로 모든 일을 이루려 들지 않는다면, 손대지 않고도 좋은 일이 일어나는 마법을 경험한다. 계획과 통제와 반드시 따라야 할 시간표를 버려라. 다른 사람은 했는데 당신은 하지 못했다는 비교를 버려라. 그래야 당신의 삶을 활짝 열어, 당신에게 오고자 하는 것들을 맞이할 수 있다. 당신에게 영감을 줄 연인을 환영할 수 있다. 당신에게 장갑처럼 꼭 들어맞는 기회를 붙잡을 수 있다. 불안이 아니라 즐거움을 깨울 경험을 반길 수 있다. 상상도 못 한 일에서 느끼는 기쁨을 음미할 수 있다.

내가 얼마나 바쁜지, 남들에게 얼마나 필요한 사람인지 과시하거나 증명할 필요는 없다. 내 삶은 남들 눈에 보기 좋으라고 마련된 게 아니다. 그러므로 내게 맞는 것이 올 때까지 기다릴 수 있다. 매일 전전긍긍할 필요 없다. 세상의 속도보다 느릴지언정, 내게 맞는 모든 게 나만의 속도로 펼쳐질 수 있다. 그 속도는 내가 얼마나 잘살고 있는지, 혹은 못살고 있는지와는 아무 관련이 없다.

이제 나는 내게 맞는 것만을 원한다. 내 안에 딸깍, 하고 불을 켜주는 순간들을 기다린다. 그게 내 기준이 되었다. 안에서부터 오는 떨림이 더 설렌다. '바로 이거야'라는 느낌이 오지 않으면, 단호하게 거부한다.

모든 걸 자기 뜻대로 통제하려 하면, 불안은 약해지기는 커녕 오히려 심해진다. 이 지점에서 나는 심한 착각에 빠져 있었다. 모든 걸 통제하고, 꼼꼼하게 계획을 세우면 불안을 다스릴 수 있을 거라고 믿었다. 하지만 현실은 달랐다. 모든 걸 통제하려 애쓰는 사람은 자신을 위해 준비된 것들을 놓칠

뿐더러, 걱정과 공황과 스트레스에 더 취약한 상태가 된다.

우리 세대는 불안에 고문당하고 있다. 불안을 피하려고 매일 발버둥친다. 통제한다. 꿈을 포기한다. 자신에게 해로운 행동에 빠져든다. 스스로에게 상처를 입힌다. 모두 불안에서 벗어나기 위해서다.

나로 말하자면, 불안과 친구가 되는 법을 배웠다. 불안도 내 삶에서 나름대로 어떤 역할을 하고 있음을 깨달았기 때문이다. 요즘 나는 불안에 귀를 기울인다. 진심 어린 질문을 던진다. '내게 무슨 말을 하려는 거니?' 대부분의 불안은 내가 모든 걸 통제하려고 너무 애쓰고 있다고, 미래의 어떤 결과를 위해 지금의 기분을 희생하고 있다고, 현재에 살고 있지 않다고 알려준다.

감정과 친구가 되면, 더 이상 감정에 휘둘리지 않게 된다. 감정이 당신에게 들려주려는 말에 귀를 기울여라. 우리 사회에서는 감정을 경계해야 할 존재로 묘사하지만, 사실 감정은 단속해야 할 대상이 아니다. 감정은 우리가 자신을 잘 파악하도록 도와주는 훌륭한 도구다. 불안에서 벗어나는 데 시간을 허비하고 있는가? 모든 순간을 통제하려 애쓰고 있는가? 미래의 어느 날에는 당신의 삶이 올바르게 '고쳐질' 것이라 믿는가? 그렇게 살다가는 현재에서 얻을 수 있는 지혜를 흘려보내게 된다. 감정은 내가 지금 어디에 집중해야 하는지 알려준다. 그 귀중한 정보를 놓치지 마라.

내 계획이 이루어지지 않은 것에 기뻐하게 될 거라고는 꿈에도 상상하지 못했다. 하지만 지금 나는 기쁘다. 어떤 기회들이 나를 지나쳐 가주어서 기쁘다. 내가 억지로 그것들을 현실로 만들지 않아 기쁘다. 내가 정답이라고 생각하는 방향으로 인생을 이끌기 위해 억지를 부리고 무리하지 않아서 정말 기쁘다.

내가 지금 이곳에 와 있어서 정말 기쁘다. 계획 없는 곳. 통제 없는 곳. 내게 맞는 길이 자연스럽게 펼쳐질 거라는 긍정적인 기대만이 남아 있는 곳.

마음을 편히 가져라. 당신이 계획한 것보다 더 좋은 무언가가 분명히 당신을 찾아올 테니.

Chapter 14

나부터
나를 믿어라

우리에게 자신을 사랑하고 자기를 돌보는 일은 너무나 상업화되었다. 시끄러운 광고의 대상이 되었다. 그 수준이 도에 지나쳐서 화가 날 지경이다. 진실로 자신을 사랑하고 돌보는 일은 예쁘장한 분홍색 포장지로 감쌀 수 있는 게 아니다. 자신을 사랑하려면, 먼저 사회로부터 세뇌당한 자신을 혐오해야한다. 그런데 자신을 혐오하는 일은 예쁘지 않다. 자신을 돌보려면, 먼저 학습된 자신을 버려야 한다. 마스크팩과 거품목욕이라는 포장지 아래에는 폭력적인 면모가 숨어 있다. 폭력적인 사회에서 배운 것을 잊으려면, 나 역시 폭력적이고, 급진적이어야 한다.

우리 한번 급진적으로 생각해 보자. 그리고 현실적인 태도를 가져보자. 자신을 돌보는 일이 마치 상품이나 서비스처럼 되어버린 것은 우리가 자신을 돌보는 법을 배우지도, 권장받지도 못했기 때문이다. 그뿐 아니다. 우리는 남을 돌보는 법도 배우지 못했다. 우리 머릿속에는 남을 전혀 돌보지 않거나, 자신을 완전히 희생한다는 두 개의 극단적인 선택지만 존재한다. 자신을 돌보려는 사람은 이기적이라고 손가락질당할 위험을 무릅쓴다. 반대로 자신을 방치하며 남에게만 헌신하려는 사람도 있다. 이건 모두가 지는 게임이다. 우리는 이렇듯 자기를 방치하는 법을 먼저 배웠기 때문에, 자기 돌봄이 필요하다.

우리가 애써 자신을 사랑해야 하는 건, 우리가 자신을 사랑하길 원하지 않는 문화의 구렁텅이에 빠져 있기 때문이다. 자신을 사랑할 때, 우리는 잘못된 자신을 고치기 위한 소비를 그만두기로 마음먹는다. 나 자신을 끊임없이 고치고 개선해야 하는 사람이라고 생각하기를 멈춘다. 그러나 이건 시장과 기업에 좋지 않다. 우리가 품은 자기혐오와 자기 의심이, 얼마나 많은 기업에게 이윤을 안겨 주는지 모른다. 그 기업들이 이제는 자신을 사랑하고 돌보는 '트렌드'에 올라타 수익을 올리려 하고 있다. 편협한 외모와 생활의 기준을 앞장서 제시함으로써 자기를 사랑하는 법을 모르는 여성들의 문화를 낳은 잡지가 이제는 유행하는 #자기돌봄 해시태그에 어울리는 최고의 제품 다섯 가지를 추천해 준다.

이게 무슨 개소리인가?

자신을 진정으로 사랑하는 일은 예쁘장하지 않다. 자신을 진정으로 사랑하는 일은 곧 자신을 치유하는 일이다. 즉, 지금까지 자기 자신에게서 회피해 온 모든 것을 대면해야 하는 일이다. 나를 사랑하는 일은, 거울 앞에 서서 '내 마음에 드는 내 특징 다섯 가지 말하기'를 실천하는 것과는 다르다. (그것도 나쁘지 않지만, 그게 전부는 아니라는 것이다.) **나를 사랑한다는 건, 지금껏 내가 열렬히 짝사랑해 온 문화가 사실은 나에게 무슨 짓을 했는지 있는 그대로 직시한다는 뜻이다.** 스스로를 혐오하기 시작한 이유를 버리기로 선택한다는 뜻이다. 환상에서 깨어난다는 뜻이다. 지금껏 눈감으려 애써 온 현실에 눈을 뜬다는 뜻이다. 자신을 사랑하는 일은 그래서 애도의 과정이다. 아름다운 들꽃이 흐드러진 꽃밭을 보는 게 아니라, 오히려 한바탕 휘몰아쳐 쑥대밭을 만들어내는 태풍을 마주하는 일이다.

자신을 돌보는 일이 부드럽고 말랑말랑할 수도 있다. 그런 자기 돌봄이야 누구나 좋아한다. 하지만 나를 진정으로 변화시킨 건 반짝이고 섹시한 물건들이 아니었다. 나를 변화시킨 건 빚을 갚고, 억지가 아니라 좋아서 하는 운동 습관을 들이고, 내 몸을 벌주지 않는 방식으로 식사하고, 정신 건강에 도움이 되는 습관과 의식을 만들고 따르는 것이었다. 마스크팩으로는 해낼 수 없는 일들이다. 자신을 돌보는 일은, 마스크팩을 붙이고 짧은 만족감에 빠지는 것보다 훨씬 깊고 고요하다.

나를 돌보는 건, 있는 그대로의 나를 신뢰하는 것이다.

우리 문화에 속한 여성들은 스스로에 대한 사랑이 부족하다. 자기 자신을 잘 돌보지도 않는다. 그러나 우리에게 가장 부족한 건 자신에 대한 신뢰다. 우리는 우리가 우리에 대해 느끼는 것보다, 남들이 우리를 평가하는 의견에 더 신경 쓴다. 우리는 사회가 정해놓은 정답에 이르기 위한 가이드라인을 따른다. 우리는 현실적으로 불가능한 특정 기준에 들어맞지 않는다는 이유로 우리 몸을 혐오한다. 우리는 우리가 자신을 신뢰하는 걸 원치 않는 환경에서 성장했다. 자신을 신뢰하는 여자는 위험하고, 제멋대로고, 통제 불가능한 여자로 취급당한다. 순종하지도, 묵인하지도, 억압당하지도 않는다는 이유로.

나를 신뢰하는 일은, 한 사람의 내면에서 일어나는 혁명이다. 자기 신뢰는 다른 모든 신뢰와 같은 방식으로 생겨난다. 즉, 노력해 얻어내야 한다. 그러려면 자기와의 약속을 지켜야 한다. 내가 필요로 하는 것에 진심으로 귀를 기울여야 한다. 스스로의 감정을 억누르기를 그만두고, 오히려 감정에 초점을 맞추어야 한다. 세상의 소음을 잠재우고 내 직관이 들려주는 고요하고도 가만한 속삭임을 찾아내야 한다. 나를 약하게 만드는 것, 나에게 건강하지 못한 것을 싹 내다 버리고 그 자리를 창조적이고 친절하고 평화로운 무언가로 대신 채워야 한다.

나를 신뢰하는 것은, 나를 꼭 안아주는 것과 같다.

나를 사랑하는 것은, 인생에서 어떤 위치에 있든 언제나 나를 귀한 사람으로 보는 것이다.

나를 돌보는 것은 사랑을 실천하는 일이다.

나를 신뢰하는 것은, 내면에서 우러나온 진실과 바깥에서 세뇌당한 사실을 분별하는 것이다.

우리는 조언이 넘치는 세상에 살고 있다. 조언하는 책은 이미 많다(이 책도 그중 하나다). 조언하는 팟캐스트도 많다. 뉴스 기사가 쏟아진다. 인플루언서도, 전문가도, 권위자도 넘쳐난다. 오프라인과 온라인을 막론하고, 소비할 게 수두 룩하다. 하지만 하루를 마무리할 때 나라는 존재에게 진실 로 중요한 것은, 내가 스스로 인지하는 내면의 느낌이다. 지 금 다른 사람의 조언이 필요한가? 그게 올바르게 느껴지는 가? 다른 사람의 말들이 당신의 내면을 환히 밝혀주는가?

자기 신뢰의 근간은 분별이다. 시끄럽고 불만족스러운 세상을 살아가기 위해 우리에게는 분별력이 필요하다. 우리 의 뇌는 타고나길 스펀지 같아서, 정보를 빠르게 처리할 수 있다. 그러나 인터넷 세상에선 이렇듯 쉽게 흡수하는 능력 이 유해해질 수 있다. 빠르게 스크린을 스크롤하며 분별없 이 남들의 말과 의견을 소비하는 것은, 분명 우리 마음에 해 롭다.

예전에 나는 소셜 미디어 피드를 스크롤하고 나면 뱃속 이 당길 정도로 수치심이 일곤 했다. 어디서 비롯된 것인지 조차 알 수 없었다. 내가 읽은 어떤 포스트가 내게 불안감을 주고, 스스로 부족하다고 느끼게 만들었을 것이다. 나 자신 에게 의문을 품게 만들었을 것이다. 인테리어와 피부 관리 와 근사한 메이크업을 자랑하는 다른 사람의 삶을 소비해서 일지도 모른다. 자기 삶을 열망하라는 메시지를 보내는 그 들 앞에서, 나라는 존재를 초라하게 느꼈을 것이다. 과거에 나는 그런 남이 '틀렸다'고 생각해야 내가 '옳을' 수 있다고 믿었다. 이런 걸 평가라고 한다. 그러나 남에 대한 평가는 내 상처를 치유해 주지 않는다. 오히려 상처에 소금을 뿌린다.

더 이상의 평가는 우리에게 필요하지 않다. 내가 옳기 위해 반드시 남이 틀릴 필요는 없다. 이 세상에 혐오를 더할 필요 없다. '잘 되나 보자'라는 고약한 마음으로 누군가를 팔로우할 이유가 없다. 저자가 참 싫다고 생각하며 책을 읽지 않아도 된다. 비판적으로 생각하기를 포기하라거나, 잘못한 사람의 책임을 묻지 말라는 얘기가 아니다. 하지만 남을 평가할 때 우리가 서로를 보이지 않는 위계에 집어넣고 있다는 건 반드시 기억하자. 그 위계는 우리 모두에게 해를 입힌다. 그 위계는 우리를 재단한다. 굳이 거기에 힘을 실어 줄 필요가 있을까.

시끄럽고 정신없고 한없이 불만족스럽고 모든 것이 과한 이 세상에서 필요한 건, 평가가 아니다. 우리에게 필요한 건 분별이다.

분별은 자기 신뢰를 갈고닦는 마스터 클래스와 같다. 지금 인스타그램을 열고 다른 여자의 계정에 들어가, 그녀의 삶을 구경해라. 그녀가 틀렸다고 평가하고 싶은 마음이 들면, 참아봐라. 그녀의 삶은 그녀가 정한 길이다. 그녀의 여정이다. 그녀 나름대로, 내면을 밝혀주는 무언가를 찾아내기 위해 노력한 결과다. 그런데 내가 뭐라고 그녀의 삶에 대해 왈가왈부한단 말인가?

그녀의 삶을 바라보며, 내게 의미 있고 귀하게 여겨지는 부분들을 얻어갈 수 있다. 그녀를 가혹하게 평가하지 않고서도, 무엇이 내게 맞고 맞지 않는지 분별할 수 있다. 우리는 다른 사람을 평가할 때, 은연중에 자기 자신도 평가한다. 나는 너무 오랜 시간을 분별력 없이 보내면서, 다른 사람을 '나보다 먼저 성공했는가'를 기준으로 평가하는 나쁜 버릇이 들었다. 그건 나 역시 나 자신도 같은 기준으로 평가했다는 의미다. 나는 뭐가 내게 맞고 맞지 않는지 고민하지 않은 채, 너무 쉽게 내 욕망을 평가했다.

온라인 세상에서 분별은 특히 중요하다. 인터넷에는 소비할 게 많다. 눈에 들어오는 삶이 많다. 축하할 일과 인생의 하이라이트를 담은 릴스도 쏟아진다. 조언도 넘친다. 모든 게 지나치게 많다.

분별력은 당신이 잃어버린 힘을 되돌려 준다. 내면의 소리를 들어라. 당신이 보고 있는 것이 당신이 지닌 가치와 믿음의 결과 일치하고 있는지 자문해 봐라. 기분 나쁜 자극이 느껴진다면, 내면의 어딘가에 치유가 필요하다는 뜻이다.

분별력을 키우지 않은 상태로는 온라인에서 만나는 수많은 사람과 자신의 삶을 비교하다 길을 잃고, 혼란에 빠지고, 압도되고, 마음이 무거워진다. 전에는 신경조차 쓰지 않았던 것을 원하게 된다. 그것을 손에 넣기 위해 무작정 과소비를 한다. 그것을 갖지 못했다는 이유로 자신에게 화가 난다. 또는 다른 사람이 이룬 것을 원한다. 또는 다른 사람이 사는 대로 똑같이 살고 싶다. 그렇게 당신만의 고유한 경험을 폄하한다. 당신이 사는 삶은 당신의 삶이다. 남들에게서 필요한 조언은 취하되, 삶의 주인은 당신이라는 건 잊지 마라. 당신의 내면을 밝히는 것은 무엇인가? 당신에게 진실하게 느껴지는 건 무엇인가? 당신에게 맞게 느껴지는 건 무엇인가? 분별력을 키우면, 이것들을 구분하는 데 도움이 된다.

근본적으로 만족한 삶이 당신에게 어떤 모습과 어떤 느낌으로 다가올지 나는 말할 수 없다. 우리는 모두 다르고 독특하기 때문이다. 모든 사람이 똑같은 모습을 하고, 똑같은 것을 원하고, 똑같은 종류의 삶을 살아간다면 정말 재미없지 않을까? 당신이 내 길을 따르길 원하지 않는다. 당신만의 길을 찾길 바란다. 당신만의 삶을 일구길 바란다. 당신이 무엇을 하든, 세상을 당신의 집처럼 편하게 느낄 수 있길 바란다. 당신 자신이 당신의 집이 되길 바란다.

당신이 당신의 진실을 알길 바란다. 오롯이 당신만의 것인 삶을 선택하고, 만들고, 가꿔가길 바란다. 당신이 속할 수 있는 삶을 꾸려나가길 바란다. 내게 근본적으로 만족스러운 삶이란 그런 의미다. 오직 자신의 것인 삶. 자신의 것이니만큼, 사회가 말하는 정답과 비슷한 모습이어야 할 필요는 없다. 누구에게도, 그 무엇도 증명할 필요 없다. 다른 사람들을 따라잡을 필요도 없다. **당신은 그저 당신답게 살면 된다. 멋지게, 행복하게, 만족스럽게.**

분별력은 머리에 들어오는 정보의 양을 줄인다. 분별력이 중요한 도구인 이유다. 무엇이 자신에게 맞지 않는지 아는 건, 무엇이 자신에게 맞는지 아는 것만큼 중요하다. 신경 쓸 대상이 줄어든다. '쟁취하려고' 애쓰는 일이 줄어든다. 분별력은 당신이 진정으로 마음을 쓰고 싶은 것에 열렬히 마음을 쏟을 수 있도록 해준다.

당신이 살아가는 이 삶은, 당신의 삶이다. 잊기 쉬운 사실이라 자꾸 되풀이해 말한다. 당신의 삶이다. 당신이 원하는 만큼 즐겁고 행복하고 멋지고 창조적으로 사는 것이 당신의 임무다. 그게 당신이 지닌 무한한 힘이다.

자기 신뢰는 무엇보다도 중요하다. 자기 신뢰는 자신을 사랑하는 토대다. 신뢰하지 않는 사람을 사랑하는 건 어렵고, 사랑하지 않는 사람을 돌보는 건 어렵다. 따라서 자기 신뢰는 자기 사랑과 자기 돌봄의 기틀이 된다. 자기 신뢰에서 모든 것이 출발한다. 우리는 자꾸 이 지점을 건너뛰려고 한다.

자신을 신뢰하려면, 어떻게 해야 할까?

내면에서 우러나오는 느낌을 존중해라. 스스로에게 진실을 말할 방법을 찾아내라. 진실을 큰소리로 외칠 필요는 없다. 하지만 진실이 없으면 신뢰도 생길 수 없다. 우리는 자신에게서 진실을 은폐하는 데 너무 익숙하다. 스스로에게 진실을 고백하는 제일 쉽고 직접적인 방법은, 일기를 쓰기 시작하는 것이다. 일기장에 대고 진실을 이야기해 보자. 간단한 질문부터 시작해라. '오늘 내 기분이 어떻지?' 이 진실을 두려워하지 말아야 한다. 당신이 품은 두려움과 걱정, 불안을 언어로 표현하는 게 겁날지도 모른다. 하지만 그것들에 이름을 붙이고 끄집어내야 당신이 자유를 얻을 수 있다.

당신 내면의 압력 밸브를 열어야 한다.

진심으로 믿는 것만 말해라. 우선 스스로에게 진실을 말하는 것부터 시작해라. 느낌과 정반대로 행동할 때, 표현해야 하는 것을 억누를 때, 스스로에 대한 신뢰는 무너지고 만다. 무언가에 이끌렸던 느낌을 무시할 때도. 세상이 내게 품은 기대에 끌려다니느라 내 마음속 진실을 희생할 때도. 먼저 온전한 내가 되지 못한 채로 다른 사람에게 맞춰줄 때도. 나에 대한 다른 사람의 의견을, 동의하지 못하면서 애써 진실로 받아들일 때도. 내가 나를 방치할 때. 그리고 그것을 자신을 사랑하는 일이라고 부를 때도.

그러니 자신을 신뢰하는 첫걸음은 자신을 방치하는 일을 멈추는 것이다. 내면의 소리에 귀를 열어라. 진짜 자신의 소리를 듣기 시작해라. 그러면 자연스럽게 당신이 품은 욕구를 알게 될 것이다. 당신이라는 사람이 행복하기 위해 필요한 게 무엇인가? 질문에 답하다 보면 당신의 진정한 욕구를 돌보기 시작할 수 있다. 그게 자기 돌봄이다.

당신이 필요로 하는 것을, 당신이 당신에게 주는 것.

자신을 신뢰하면, 자신이 정말 원하는 게 무언지, 자신이 진정 어떤 사람인지 밝혀진다. 가면을 벗은 솔직한 자신이 드러난다. 자신을 돌보는 건, 자신에게 베푸는 것이다. 그 신뢰로부터, 돌봄으로부터, 사랑이 싹튼다.

이제는 치유되어도 안전하다는 느낌이 든다. 치유를 시작할 단단한 기반이 섰다. 당신이 스스로를 받쳐줄 수 있다는 믿음이 든다. 당신의 마음속 고통이 귀에 들린다. 그것을 존중한다. 그것을 돌본다. 그것을 끌어안는다. 자신에 대한 사랑은 그 모든 것의 표현이다. 자신에 대한 사랑은 그 모든 것의 결과다.

아무것도 없는 곳에서 난데없이 자신을 사랑해 보려고 애써 봤는지 모르겠다. 거품 목욕을 하면 스스로를 포용하는 기분이 들 거라고 오해했을지도 모르겠다. 자신을 사랑해 보려고 나섰다가 마케팅과 바이럴의 미로 속에서 길을 잃은 기분만 잔뜩 느꼈을지도 모르겠다. 자신을 사랑하라는 광고 속 말들이 이젠 무의미한 백색소음처럼 느껴질지도 모르겠다.

모든 것이 신뢰에서 시작한다. 자신을 믿어주지 않으면, 다른 어떤 것도 믿을 수 없다.

자신을 믿어라.

Chapter 15

나는 나의
안전지대다

우리가 사는 세상에는 모순과 부패가 가득하다. 산다는 건 가혹하고, 부담스러우며, 복잡하다. 때론 그저 살아 숨 쉬는 것마저도 너무 버겁다. 있는 그대로의 세상을 지켜보는 것만으로도 마음이 무거워진다. 그래서 나는 당신의 가장 친한 친구가 당신이 되어야 한다고 생각한다. 당신이 넘어질 때 다치지 않게 받아줄 가장 부드러운 땅이 당신이어야 한다고 생각한다. 세상에 연민을 느끼는 건, 세상의 순교자가 되는 것과 다르다. **당신은 오로지 당신 자신에게 줄 수 있는 만큼만 세상**

Chapter 15 나는 나의 안전지대다

에 내놓을 수 있다. 우선 당신 자신부터 채워야 한다는 뜻이다. 다른 사람들을 구하려고 애쓰기 전에 먼저 자신을 구해야 한다는 걸 잊지 말자.

인생은 달리기 경주가 아니다. 세상의 이런저런 방식들을 따라야 한다고 믿을 때, 우리는 남들을 따라잡는 데 집중한다. 남들을 따라잡는 것에 연연할 때 우리에겐 치유하고, 휴식하고, 우리가 일궈낸 삶을 즐길 시간과 공간이 부족해진다. 잠시 걸음을 멈추고 우리의 직관적 이끌림과 감정에 귀를 기울일 수 없게 된다. 순간적인 만족감을 동력으로 빠르게 돌아가는 세상을 따라잡는 데에만 몰두하면, 누구나 이런 상태에 빠진다. 따라잡는 데 열중한 사람은 다른 아무것도 귀에 들어오지 않는다.

치유라는 건, 망가진 자신을 후딱 고치고 끝나는 게 아니다. 치유되고 싶은가? 그럼 일단 푹 자라. 건강을 챙겨라. 쉬는 시간을 가져라. 휴가를 떠나라. 매 순간 전력으로 달릴 필요는 없다. 당신이 걸어 온 길을, 이뤄낸 것들을 진심으로 즐겨라. 물질적으로 얻은 것을 축하하는 동시에, 치유된 마음도 축하해라. 당신의 가장 열렬한 팬이 되어라. 당신이 느끼는 사랑과 즐거움이 당신을 아름답고 놀라운 장소로 데려다줄 거라고 믿어라.

잠깐이라도 좋으니, 부디 삶을 편안하게 살아라. 가볍게 살아라. 세상은 참으로 살기 어려운 곳이지만, 나라는 존재가 내 발목을 잡는 가장 큰 걸림돌이 되어서는 안 된다. 자신에게 할 수 없다고, 너무 늦었다고, 너무 나이를 먹었다고 말하는 사람이 되지는 마라. 당신은 할 수 있다. 아직 늦지 않았다. 나이 때문에 일의 가능과 불가능이 정해지는 건 아니다. 지금 당신이 어디 있든, 한 달 뒤엔, 일 년 뒤엔 전혀 다른 곳에 있을 수 있다. 마음을 열면 크나큰 변화가 일어난다. 희망을 버리지 않으면. 당신의 삶에, 그리고 삶에 필요한 변화에 저항하기를 그만두면. 삶이라는 물결에 한 번 올라타 봐라. 당신이 스스로를 가로막지 않으면 어디까지 갈 수 있는지 확인해라. 당신이 변화와 혁신에 열려 있을 때, 무엇이 가능해지는지 봐라.

나를 연민하는 법을 하룻밤 만에 배울 수는 없다. 조급해하지 않아도 된다. 한결 더 진정하고 자유로운 내가 되는 것만으로도 큰 보상이다. 그것으로 충분하다. 나머지는 전부 장식에 불과하다.

기억해라. 삶을 잘 살아야 한다. 치유되는 것도, 당신이 당신의 생각과 어떤 관계를 맺고 있는지 아는 것도 중요하지만… 무엇보다 삶은 살아가기 위해 있는 것이다. 실험해

라. 스스로를 믿고 세상으로 나아가, 당신에게 일어나는 일을 받아들여라. 비틀대는 다리로 걸어라. 머릿속 세상에 파묻혀 지내지 마라. 치유가 완전히 끝난 뒤에야 삶을 시작할 수 있다는 생각을 버려라. 압도되고, 혼란스럽고, 불안하고, 길을 잃은 기분이 들 때를 위해, 일기를 쓰는 습관을 들여라. 자신에게 진실을 말해라. 당신의 진실이 당신 밖에서도 살도록 해라.

당신의 감정을 두려워하지 마라. 감정은 당신이 스스로에게 보내는 신호이고, 표현이다. 감정을 쫓아내고, 외면하고, 회피하고, 분리하지 마라. 감정을 가만히 받아들일 때, 당신이 변화할 수 있는 새로운 세상이 마법처럼 열린다. 당신의 느낌에는 지혜가 깃들어 있다. 그러니 지혜를 얻고 싶으면 그냥 귀를 기울이기만 하면 된다. 당신의 느낌을 글로 적기 시작해라. 당신과의 대면을 시작해라. 용감하게 세상으로 나아가기 시작해라. 나는 내가 힘들 때 언제나 돌아올 수 있는 집이어야 한다.

당신이 당신의 안전지대가 되어라. 당신이 스스로를 지지하면, 다른 사람이 당신을 지지하기도 훨씬 쉬워진다. 당신은 외따로 떨어진 섬이 아니다. 당신은 당신 자신의 집이다. 그 집을 힘이 닿는 한 사랑스럽고 아름답게 만들어 봐라. 당신의 정신은 당신을 기분 좋게 만드는 장소여야 한다. 격려가 필요할 때 돌아올 수 있는 장소여야 한다. 다른 이에게 지지받는 것도 좋지만, 자기 자신에게 그렇게 지지받는 건 비교할 수 없이 좋다는 걸 알길 바란다.

성장해라. 진화해라. 수많은 버전의 당신이 되어보아라. 과거의 당신을 뒤에 남겨두고, 자라나라. 시도하고 실패해라. 배워라. 그리고 배운 것을 잊어라. 더 많은 껍질을 벗겨내라.

당신이 아는 것을 행동으로 옮겨라. 치유된 상태에서 행동하고 살아가라. 더 자유롭게 살 수 있도록, 지금껏 배운 것을 잊어라. 당신은 끊임없이 계발해야 할 대상이 아니다. 세상으로 나아가 살아라. 새로운 경험에 스스로를 노출시켜라. 당신이 당신의 든든한 '뒷배'라고 믿어라. 어떤 일이 벌어지든 당신이 당신 자신을 놓는 일은 없을 거라고 믿어라. 당신에게 무조건적인 사랑을 주는 그 한 사람이 되어라. 당신을 절대 평가하지 않는 그 한 사람이 되어라. 대담하게 용감하게 살라고 격려해 주는 사람이 되어라.

인생은 치유의 연속이다. '프로젝트 종료'를 선언할 일은 없다. 인생에는 도착할 목적지가 없다. 인생은 다만 펼쳐지는 것이다. 무언가로 거듭나는 것이다. 다시 풀어지기 위해

조이는 것이다.

인생은 그렇다. 하루하루 살아가고, 한 꺼풀 벗겨내고, 더 깊이 들어가고… 그러다 보면 1년 전, 1달 전, 1주일 전, 1분 전의 당신보다 한결 진정하게 느껴지는 당신의 조각을 만나게 된다. 어떤 면에서 인생은, 인생을 있는 그대로 경험하지 못하게 만드는 것들을 전부 떨쳐내는 과정이다. 치유는 선형적으로 일어나지 않는다. 어느 날 갑자기 완벽한 모습으로 찾아오지 않는다. 그러니 당신 자신이 되는 작업을 빨리 끝마치려 애쓰지 마라. 서두르지 마라. 숙달할 시간은 평생 주어진다. 변화하고, 펼쳐내고, 움츠리고, 다시 펼쳐낼 시간은 평생 주어진다. 모든 것에 의미가 있다. 모든 것이 인생을 구성하는 부분이다. 한 번씩 잠시 멈춤이 필요할진 모르겠지만, 더 진정한 버전의 자신이 되는 일을 그만두지는 마라. '더 나은' 사람이 될 필요는 없다. 단지 더 진정한 사람이 되어라. 더 당신다운 사람. 더 마음껏 자신을 표현하는 사람. 더 자유로운 사람.

당신을 찾아오는 인생을 두 팔 벌려 환영해라. 파도에 올라타서 즐겨라. 모든 것을 열렬히 경험해라. 단 하나의 예외도 없이 모든 것을. 당신의 인생은 결국 당신에게 맞게 펼쳐질 것이다. 이미 당신에게 맞게 펼쳐질 방법을 찾고 있는지도 모른다. 그러니 걱정은 접어두고, 인생의 균형에 올라타라. 치유를 위한 작업을 한 다음, 그 작업이 스스로 알아서 펼쳐지게 놔둬라. 세상을 있는 그대로 받아들이고, 받아들일 수 없는 건 바꿔라. 계획을 세우고, 꿈을 가지되, 계획이 처음과 완전히 달라지는 마법에 항상 마음을 열어둬라. 인생은 당신의 신뢰를 원한다.

인생을 신뢰하면, 당신의 눈에 보이는 모든 게 가능성으로 변신할 것이다.

Chapter 16

매일 나를 긍정하라

누구나 자신에 대해 믿는 이야기가 있다. 사람들은 '나는 이런 사람이야'라는 이야기를 스스로에게 자주 되풀이해 들려준다. 그런데 이런 이야기는 보통 자신이 과거에 일어난 사건들을 어떻게 해석하고, 현재 상황을 어떻게 받아들이는지를 근거로 한다. 즉, 우리가 인식하고 해석한 것에 불과하다.

당신의 정체성은 고정된 존재가 아니다. 당신의 이야기는 불변의 진리가 아니다. 당신에게 어떤 일이 일어났든, 그로 인한 고통은 당신이 그 일을 해석한 방식에서 비롯한다.

남에게 피해 입힌 사람에게 책임을 묻지 말라는 뜻은 아니다. 그러나 우리가 자신의 역사를 종합하여 이야기로 엮어내는 방식에는 우리 스스로 책임을 져야 한다. 과거에 일어난 일은 우리의 책임이 아니지만, 우리가 그에 부여하는 의미는 우리의 책임이다. 우리는 우리가 우리라고 믿는 사람이 된다.

'믿음'이란 유연하게 변화한다. 우리 자신에 대한 믿음도 충분히 바꿀 수 있다. 우리가 자신의 이야기를 다시 쓸 수 있다는 뜻이다. 우리는 새로운 서사를 창조할 수 있다. 우리 자신을 전혀 다른 시각에서 보는 법을 스스로에게 가르칠 수 있다.

과거의 나 역시 이게 가능하다고 생각하지 않았다. 나 자신의 이야기를 다시 쓰는 도전에서 놀랄 만큼 성공하기 전까지는. 나는 너무나 많은 과거의 일을 부정적으로 해석했고, 가혹하게 평가했다. 그러면서 스스로에게 상처도 참 많이 주었다. 내가 과거의 일에 부여한 부정적 의미는 나의 현재까지 짙은 그림자를 드리웠다.

나는 내 정체성에 대해서도 확고한 믿음을 갖고 있었다. 내가 변화할 수도, 습관에서 벗어날 수도, 자기파괴와 자기혐오를 그만둘 수도 없는 사람이라고 믿었다. 내가 결코 행복한 사람이 되지 못하리라 믿었다. 모든 좋은 것들을 스스로 파괴하고선, 내겐 어차피 그것들을 누릴 자격이 없다고 세뇌를 하면서, 그렇게 평생의 시간을 허투루 흘려보낼 거라고 믿었다.

나처럼 고정된 정체성에 발목을 붙들린 기분인가? 그렇다면, 내가 효과를 본 훈련 중 하나를 추천한다. 하루에 10분에서 15분 정도만 투자해도 스스로를 보는 관점을 바꿀 수 있다. 이 훈련은 스스로의 인생을 보는 필터를 갈아 끼우는 일과 비슷하다. 자기 삶을 자꾸 부정적으로 보는 습관이 있는가? 항상 최악을 가정하는 경향이 있는가? **행복은 당신에게 일어나는 일들을 어떻게 해석하는지, 어떤 의미를 부여하는지에 달렸다.** 이 훈련을 통해 그 사실을 분명히 확인할 수 있을 것이다.

집중에는 재미있는 효과가 있다. 당신이 무엇에 집중하면, 삶에서 그것을 점점 더 많이 발견하게 된다. 긍정적 태도, 사랑, 연민, 희망에 생각을 집중하면, 당신의 인생에 좋은 것들이 늘어난다. 긍정적인 것에 집중하면, 전과 똑같은 일상적 상황과 대인관계를 전보다 긍정적인 렌즈를 통해 해석한다. 나는 내가 '마법적 생각 훈련'이라고 이름 붙인 이 훈련을 정말 좋아한다.

왜냐면 이 훈련에서 마법적 생각이 생겨나고, 그것이 마법적 행동을 낳고, 자연스레 마법적 상황이 벌어지고, 결과적으로 마법적 인생이 찾아오기 때문이다. 이 모든 게 당신의 생각에서 시작한다니, 놀랍지 않은가! 인식을 바꾸기 위해 힘들게 외부 환경을 바꾸지 않아도 된다. 그냥 인식을 바꾸기만 하면 된다. 그러면 외부 환경을 보는 관점이 바로 달라진다.

마법적 생각 훈련에선, 매일 '긍정 확언'을 스스로에게 들려준다. 자신을 격려해 주는 긍정의 말을 종이에 쓰거나 입 밖으로 내뱉는 것이다. 이것이 효과를 발휘하는 건, 진짜 감정을 외면하기 때문이 아니다. 긍정 확언은 우리의 생각을 긍정적인 방향으로 움직인다.

일각에는 긍정이 무조건 좋은 게 아니며, 더 나아가 유해할 수도 있다고 반발하는 사람들이 있다. 그들의 주장은 일면 옳다. 나도 무조건적 긍정에는 반발한다. 무조건 긍정할 게 아니라, 감정의 온전한 스펙트럼 전체를 느껴야 한다. 긍정 확언을 쓰면서 긍정적인 것을 기대하도록 정신을 훈련하는 건, 순간순간 겪는 다양한 감정들을 무시하는 것과는 분명 다르다. 오히려 수면으로 올라온 여러 감정에 더 세심히 귀를 기울일 수 있도록 정신을 준비시키는 과정이다.

감정에 부정적 의미를 부여하지 않는 것이다. 슬프다면, 마음껏 슬퍼해라. 슬픔에서 무언가 배울 수 있다. 화가 나면, 마음껏 화를 내라. 그리고 마음에 분노를 품은 채 어떤 행동을 해야 할지 고민해 봐라. 감정이 나타났다가 사라지기를 기다려라. 그러고 나면 자연스럽게 긍정적인 시작점으로 돌아와라. 긍정이 중요한 건, 남들을 항상 긍정적인 태도로 대해야 하기 때문이 아니다. 보다 긍정적으로 정신을 재구성할 수 있으면, 까다롭고 힘겨운 감정을 더 잘 견딜 수 있기 때문이다.

긍정이 치유 효과를 발휘하는 또 다른 이유는 반복적 속성이 있기 때문이다. 매일 똑같은 긍정 확언을 적으면서 자신과 자신의 삶에 대해 생각하는 방법을 배울 수 있다. 그럼으로써 부정적인 관점에 사로잡히지 않고, 자신에게로 주도권을 가져올 수 있다. 긍정적으로 사는 건 정신질환이 있는 사람에겐 더 힘들 수 있다. 하지만 나 역시 우울증 진단을 받았고 범불안 장애를 지닌 사람인데도, 마법적 생각 훈련 덕분에 뇌 구조가 변화했다고 느낀다. 정신질환이 완치된 건 아니지만, 일상생활에 미치는 영향은 크게 줄었다.

긍정에 어마어마한 큰 힘이 있는 이유는 삶이 자신의 진정한 욕구와 어디서 어긋나 있는지 알려주기 때문이다. 인생의 어느 부분을 긍정하고 싶다면서 행동은 딴판으로 하고 있으면, 그 불일치가 부각된다. 이런 깨달음을 낳는다는 점에서, 긍정은 적극적이다. 긍정은 영감에서 비롯된 행동을 일으킨다. 당신이 원한다고 말하는 것과, 그것을 위해 하거나 하지 않고 있는 행동 사이의 격차를 일깨워 준다.

따라서 긍정은 놀라운 책임의 도구다.

마법적 생각 훈련을 하다 보면, 당신이 당신과의 약속을 어디서 지키지 못하고 있는지 금세 분명해진다. 예를 들어 당신의 긍정 확언에 '나는 매일 기운이 넘친다'가 있는데 기운을 얻기 위해 아무런 노력을 하고 있지 않다면, 이상과 현실 사이의 불일치를 알아차리기 더 쉽다. 알아차리지 못한 불일치는 내면에서 많은 단절과 좌절을 일으킨다. 마법적 생각 훈련은 이런 불일치의 존재를 깨닫게 도와준다.

이제 마법적 생각 훈련을 구체적으로 어떻게 하는지 알려 주겠다. 우선 당신의 인생에서 느끼고 싶고, 가꾸고 싶은 모든 것을 종이에 적는다.

예를 들어 이렇게 적는다. '내 몸을 편안하게 느끼고 싶다.' 그리고 여기서 '싶다'라는 부분을 긍정적 상태의 단어로 바꾼다. '내 몸을 편안하게 느끼고 싶다'의 긍정 확언은 다음과 같다. '나는 매일 아침 잠에서 깰 때마다 내 몸을 기분 좋게 느낀다. 나는 내 몸을 사랑하고 내 몸도 나를 사랑한다. 나는 내 몸으로 살아가는 게 무척 편안하다.'

중요한 건, 당신이 일어나길 원하는 일이 이미 일어난 것처럼 적어야 한다는 것이다. 커리어, 돈, 몸, 인간관계, 무엇이든 좋으니 당신이 희망을 품고 있는 인생의 모든 분야에서 긍정 확언을 만들 수 있다.

나는 이미 일기 쓰는 습관이 있었으므로, 일기를 쓰는 대신 매일 긍정 확언을 쓰기로 했다. 그렇게 매일 아침 긍정 확언을 적는 습관을 2017년에 시작해서 오늘날까지 지속하고 있다. 보통은 매일 10개에서 20개 문장을 적는다. 처음에는 쉬운 문장으로 시작했다. '나는 불안과 두려움을 내려놓는다. 나는 스스로에게 좋은 기분을 허락한다. 나는 돈을 사랑하고 돈도 나를 사랑한다. 나는 내 몸을 사랑하고 내 몸도 나를 사랑한다.'

매일 하루도 빠짐없이 이 문장들을 되풀이하여 적었다. 그렇게 몇 주가 흐르자, 재미있는 일이 벌어지기 시작했다.

뭔가… 다른 기분이 들었다. 더 나은 기분. 더 낙관적인 기분. 덜 불안한 기분. 더 자신 있는 기분.

생각이 실제로 바뀌기 시작한 것이다.

긍정 확언을 적기 시작하고 몇 달 뒤, 내 머릿속은 과거와

사뭇 달라졌다. 뇌 구조가 송두리째 바뀌었다. 경이로운 변화였다. 아무도 알려주지 않은 비밀을 밝혀낸 기분이었다. 왜 모든 사람이 이걸 하지 않는 거지? 왜 우리는 굳이 자신에 대해 부정적인 생각을 하며 살아가는 거지? 왜 우리는 긍정적인 것보다 부정적인 것을 더 진실하다고 여기는 거지?

우리는 우리의 부정적인 생각들을 검토하지 않고 선뜻 믿어버린다. 그렇다면, 긍정적인 생각에 대해서도 똑같이 할 수 있지 않을까? 이것이 우리의 뇌 구조를 바꾸는 간단한 방법이다. 자신의 이야기를 새로 쓰는 비법이다. 세상의 모든 건 주관적이다. 절대 객관인 진리는 존재하지 않는다. 모든 기억은 수십 가지 방법으로 해석될 수 있다. 우리가 겪는 모든 상황을 다양한 관점에서 볼 수 있다는 뜻이다. 우리는 어떤 일에 대해 즉각 일어난 반응이 제일 진실하다고 믿곤 하지만, 보통 그 반응은 제일 치유되지 못한 내면에서 조건반사적으로 나오는 최악의 반응이기 일쑤다. 내면의 목소리에 귀를 기울이는 게 중요하다고들 하지만, 우리 내면의 목소리가 지나치게 못되게 굴 경우도 있다. 자신을 혹평하도록 길들고 세뇌된 탓이다.

내게 긍정 확언을 적는 건, 내 과거의 서사를 통째로 다시 쓰는 일이었다. 내 미래의 이야기를 스스로 정해 나가는 일이었다. 긍정 확언을 적으면서 나는 과거의 기억과 경험과 상황들에 대한 나의 반응을 실제로 바꿀 수 있었다. 여러 해 동안 나는 내 인생을 숨 쉬듯 부정적으로 해석해 왔다. 훈련하면서 해석이란 내가 창조한 이야기에 불과하다는 걸 깨달았다. 나는 더 긍정적인 새로운 이야기를 지어낼 수 있었다. 내 인생에서 최고의 시나리오가 펼쳐질 거라고 기대할 수 있었다. 내 머리가 지금까지와 달리 내 편에서 생각해 주도록 구조를 바꿀 수 있었다.

긍정 확언을 적음으로써 진정한 치유를 건너뛰고 자신의 감정을 무시할 수 있다는 이야기는 아니다. 단지, 당신에게 일어나는 일을 어떻게 해석할지는 전적으로 당신의 선택에 달렸다는 걸 깨닫길 바란다. 어떤 나쁜 일이 벌어졌을 때, 그게 당신이 부족하고 실망스럽다는 의미라고 해석할 수도 있다. 혹은 그 일을 이해하고, 거기서 교훈을 얻고, 행동의 발판으로 삼을 수도 있다. 어떤 일이 일어난 것에 책임을 묻지 말라는 뜻이 아니다. 다만 이미 일어난 일에 더 많은 고통을 얹거나, 그것이 당신이라는 사람의 가치에 중요한 의미를 지닌다고 확대 해석하지 말라는 뜻이다.

긍정 확언을 적어 나가다가, 나는 황당한 사실 하나를 깨달았다. 지금까지 나는 어떤 사건에 대한 수많은 해석 가운

데, 굳이 나 자신을 제일 옭아매고 낙담시키고 벌주는 해석을 선택하고 있었다.

내게 가장 많은 변화를 일으킨 긍정 확언은 이것이다. '나는 나에게 행복해지기를 허락한다.' 이 문장을 발견하기 전 몇 주 동안, '나는 행복하다'라는 문장을 쓰고 싶었지만 마음속 어디에선가 저항감이 일었다. 그러다가 나는 올바른 문장을 찾아냈다. '나는 나에게 행복해지기를 허락한다.' 이 문장을 매일 일기장에 적어 나가면서 나는 깨달았다. 나는 내 행복을 받아들이는 일에 저항하고 있었다. 내가 나를 제약하고 있었다. 내가 스스로에게 행복을 허락하지 않고 있었다. 내가 행복하지 않은 게 아니었다. 내가 실제로 행복했더라도, 나 자신이 그걸 느끼지 못하게 막고 있었던 것이다.

나는 긍정 확언을 많은 사람에게 알려줬고, 마법적 생각 훈련을 꾸준히 수행한 이들은 단 한 사람도 빠짐없이 자신의 인생에 근본적 변화가 일어났다고 호응해 왔다. 마법적 생각 훈련은 오늘날 내가 실천하는 습관 가운데 가장 중요한 것이다. 기분이 이상하게 울적하다 싶으면, 열흘 정도 긍정 확언을 잊고 살았다는 걸 깨닫곤 한다.

우리의 정신은 쉽게 영향을 받고, 연약하며, 외부 자극에 극도로 취약하다. 자신의 삶에 대해 어떤 방식으로 생각할지, 자신에게 일어나는 일을 어떻게 해석할지 의식적으로 배우지 않으면, 세상이 알려주는 대로 배우게 된다. 그런데 세상은 어떤 상황을 바라보는 가장 가혹한 관점을 택하곤 한다. 의식적으로 긍정적인 생각을 떠먹여 주지 않으면, 우리의 정신은 다른 사람들의 불평불만을 주식으로 섭취하게 된다. 우리의 정신은 정말 끔찍하게 남의 영향을 잘 받는다.

긍정 확언을 적는 것은 툭하면 부정적인 구렁텅이에 빠지는 내 정신을 지켜내는 데 꾸준히 효과를 본 유일한 습관이다. 게다가 긍정 확언을 적는 건 아주 쉽고, 빠르다. 일기를 쓰는 10분의 시간이면 충분하다. 매일 새로운 긍정 확언을 찾아낼 필요도 없다. 내 경우, 처음 마음에 드는 문장을 찾아내면 대개는 몇 달 동안 매일 적는다. 그러면서 내가 밟고 있는 치유의 과정에서 가장 집중해야 할 성장을 이루어 나간다. 반복이야말로 가장 중요한 부분이다. 반복이 숙달을 낳는다. 계속 반복하면, 우리의 정신은 변하지 않을 도리가 없다. 그렇게 우리는 새로운 패러다임을 세우고, 세상을 보는 새로운 렌즈를 장착하게 된다.

긍정 확언은 더 많은 것을 하고 더 잘난 사람이 되지 않고서도 삶에 만족하게 해준다. 어떤 사람들에겐 이 생각 자체가 불편하다는 걸 안다. 만족과 행복은 노력해서 쟁취해내는 것이라는 사회의 기대를 온몸으로 받아들이며 자랐으니까.

이 모든 걸 해내지 않으면, 시시하고 초라한 인생을 살게 되는 건 아닐까?

내가 '해야 한다'고 생각하는 모든 것을 이뤄내지 않고서, 어떻게 만족할 수 있을까? 세상이 나를 부족한 사람, 실망스러운 사람, 실패자로 볼 때 내가 어떻게 행복해질 수 있을까? 아니, 만족할 수 없다! 만족하면 노력을 그만둘 테니까. 그러면 어떻게 될까? 노력을 그만두면? 고군분투하기를 그만두면? 내 몸을 갈아넣기를 그만두면? 내가 도달할수 있을지 불확실한 미래에 행복을 저당 잡히기를 그만두면? 그게 시시한 인생 아닌가? 이 세상에 태어난 이상, 시시한 인생보단 더 나은 걸 원해야 하지 않나? 그냥 행복하다고 생각하는 것만으로 행복해질 수 있는 거면, 행복을 쟁취하려고 온갖 것을 하는 데 어떤 의미가 있나?

그래, 바로 그거다! 인생이라는 게임에 드리운 장막을 걷어내면, 진실이 보인다.

자신의 인생에 만족하는 게, 사실은 시시한 인생을 사는 것과 정반대라면 어떨까? 시시한 인생의 정의를 바꿔보면 어떨까? 세상에서 들이미는 이상을 이루지 못해서 불행한 사람이 너무 많다. 체제를 유리하게 이용하는 법을 몰라 스스로 실패자라고 느끼는 사람들. 유명하지 않아서, 최고가 아니라서, 떵떵거리며 화려하게 살지 못해서 스스로 부족하다고 느끼는 사람들. 완벽한 삶이 펼쳐질 미래에 사느라 매일 펼쳐지는 일상의 마법을 놓치고 있는 사람들.

그러니, 일단 만족해라.

자신의 삶에 만족하는 건 하나의 혁명이다. 사회는 자꾸 우리에게 윽박지른다. 우리의 가치는 우리의 생산력에 있다고. 우리의 의미는 우리가 세상에 무얼 남기느냐에 달렸다고. 그렇게 우리는 인간성을 빼앗기고, 사람이 아닌 숫자로 평가된다. 사회는 우리에게 수치심을 주입한다. 사회는 우리가 행복하길 원하지 않는다. 만족하길 원하지 않는다. 우리가 자기 가치를 증명하고자 몸을 갈아넣기를, 로봇처럼 매일 12시간 일하지 않으면 실패자라고 느끼기를 원한다. 죽는 날까지 쉬지 않고 노력하길 원한다.

그러니까 우리 한번 온전히 만족해 보자. 지금 삶에 만족한다는 글을 쓰는 일부터 시작해 보자. 그것이 얼마나 많은 진실을 폭로하는 혁명인지 직접 깨달아 보자. 삶에 만족하기로 선택한 당신은, 시시한 사람이 되지 않을 것이다. 오히려 행복하고, 상처 없고, 즐거운 사람이 될 것이다. 사회가 당신더러 행복해질 수 없다고 말한다면, 그건 당신이 살아가는 사회가 병들고 망가졌기 때문이다.

지금 모습 그대로 만족해도 좋다. 망할 성공 따위 하나도 이루지 못해도 좋다. 그게 대순가? 당신이 성취에 매달리는 건, 그래야 행복해지리라 생각하기 때문이다. 하지만 지금 모습 그대로 행복해질 수 있다면, 충분하다. 당신은 이미 충분하다. 당신은 이미 괜찮다. 그대로 당신답게 살면 된다.

어쩌면 만족하기로 선택한 당신도, 나처럼 이상한 경험을 하게 될지도 모른다. 나는 내가 이루고자 했던 것과 상관없이 지금 내 삶에 만족하기로 선택했다. 나는 최고가 아니었고, 최상급이 아니었고, 아무것도 아니었다. 나는 그냥 만족하고 싶은 사람이었다. 기분 좋게 살고 싶은 사람이었다.

그런데 이상한 일이 벌어졌다. '바로 이거구나. 이제 뭘 더 이루려고 발버둥치지 않아도 되겠어. 그래도 나는 행복하니까'라고 생각하기에 이르자, 내가 잠재워 두었던 모든 갈망이 우르르 쏟아져 나왔다. 그렇게 나는 이미 오래전에 내려놓은 꿈들과 전혀 새로운 관점에서 재회하게 되었다. 단지 즐거움을 위해 꿈을 좇게 되었다. 도전을 위해. 설렘을 위해. 그냥 그러고 싶어서. 그냥 그게 좋아서. 그냥, 내가 할 수 있으니까.

남들에게 뭘 증명하기 위해서가 아니라, 내 가치를 쟁취하기 위해서가 아니라, 자본주의 사회 안에서 충분한 사람이 되기 위해서가 아니라. 그냥… 재미있어 보여서. 즐거워 보여서. 짜릿해 보여서. 멋져 보여서.

증명하고자 안달하지 않을 때에도, 만족하는 삶을 살아가기 시작했을 때에도, 내 안에는 갈망들이 남아 있었다. 나는 여전히 원했다. 내 재능이 나를 어디로 데려갈지, 내가 얼마나 많은 사람에게 영향을 줄 수 있을지, 내가 얼마나 많은 즐거움과 사랑을 담을 수 있는 그릇인지 알고 싶었다. 내가 타고난 재능과 능력을 마음껏 자유롭게 발휘하면 어떤 일이 벌어질지 궁금했다. 만족한다는 건, 꿈을 전부 억누르는 게 아니었다. 만족하자, 오히려 진짜 원하는 것들과 마주할 문이 열렸다.

그러니, 어쨌든 만족해라. 만족이 당신을 어디로 데려가는지 지켜보아라.

마음 편히 인생을 살아 보아라. 지금 어느 위치에 있건 인생을 즐겨도 된다고 스스로에게 허락해라. 그러다 보면 다시 꿈을 만날지도 모른다. 새 꿈이 생길지도 모른다. 꿈은 또 바뀔 것이다. 인생은 경주가 아니니까. 경쟁이 아니니까. 이기고 지는 게임이 아니니까. 당신이 살아야 하는 것은 당신의 인생이다. 그럼에도 불구하고 행복해도 된다. 삶에 만족하기로 선택한 다음 어떤 일이 일어나든, 반겨라.

당신 인생의 주인공은 당신이다. 주연은 당신이다. 그러니 한번, 당신답게 살아봐라.

당신의 의무는 즐거움이다

2020년 늦여름의 내 모습을 기억한다. 로스앤젤레스는 4월부터 봉쇄에 들어갔고 그 후 자그마치 4개월 동안 나는 좁은 내 아파트에 갇혀 살았다. 불안이 쩌렁쩌렁한 목소리를 낸다. 인생에 무력함이 가득 차 다른 무엇도 들어갈 여지가 없는 것처럼 느껴진다. 세상 전체가 고통 받고 있다. 내가 할 수 있는 건, 거기에 내 고통을 더하는 것뿐이다.

남편 후셈이 해변용 파라솔을 구입했다. 4개월 간의 격리 생활을 마치고, 우리는 말리부의 주마 해변 모래사장에 자리를 잡는다. 다른 인간에게서 가능한 한 멀리 떨어져서.

살아 있는 게 어떤 느낌이었는지, 드디어 어렴풋이 기억난다.

몇 시간 뒤, 모래사장에서 해변 용품을 정리해서 주차장으로 향하는 길, 나는 해변을 따라 깔린 산책로를 걷고 있는 어떤 사람을 스쳐 지나간다. 전엔 이런 산책로가 있는 걸 알아차리지 못했다. 나는 속으로 생각한다. '다음에 다시 와서 산책로를 걸어 봐야겠어.' 팬데믹이 터지기 전, 나는 바쁘게 사느라 한 번도 바닷가를 산책할 생각을 하지 못했다. 헬스장에 가고, 운동을 하고, 매일 엇비슷한 하루를 보냈다. 할 일 목록의 일들을 하나하나 완료하며 살았다. 말리부에 와서 산책을 한다는 건 꿈에도 생각하지 못했다. 단 한 번도. 그날, 깨달음이 나를 찾아왔다. 이렇게 인생 전체가 따분한 루틴이 되는구나. 즐거움을 미루는 시간이 며칠, 몇 주일, 몇 달, 몇 년으로 늘어나는구나.

살아 있음을 느끼기엔 너무 바쁘다. 나의 삶을 위해 내줄 시간이 너무 없다. 수많은 목표와 의무와 책임들 사이에서 시간을 보내다 보면, 삶을 즐기는 것은 후순위로 끼워넣어도 상관없는 사소한 일이 된다.

팬데믹이 터지고 첫 몇 달 동안, 즐거움은 중요하게 여겨지지 않았다. 오히려 위험하고, 이기적이고, 경솔한 것으로 느껴졌다. 나는 겁에 질려 매사에 얼음장 밟듯 조심스럽게 지냈다. 그렇게 생활하기를 넉 달, 마침내 모래에 파라솔을 꽂고 한 손에는 책을 쥔 채 해변에 앉아서, 나는 아주 오랜만에 즐거움에 근접한 무언가를 느꼈다. 즐거움은 마음을

에필로그　당신의 의무는 즐거움이다

가볍게 한다. 마음을 충전한다. 어깨에 지고 있던 짐이 너무 무거웠다. 그 짐을 내려놓는 데엔 가치가 있다. 이건 내게 중요한 일이다.

그로부터 며칠 뒤, 나는 평일에 혼자 20분 동안 운전을 해서 주마로 향했다. 산책로를 걷기 위해서다. 나는 차를 몰고 캐년 계곡을 지난다. 양쪽에 산을 둔 꼬불거리는 길을 달리는 동안 눈앞에 바다와 수평선이 펼쳐진다. 로스앤젤레스에서 가장 아름다운 도로로도 손꼽히는 곳이다.

주마 해변 산책로를 걷는 동안, 나는 시선을 왼쪽에 고정한 채 해변으로 밀려오는 파도를 본다. 몇 달 만에 처음으로 날숨을 내뱉는 기분이 든다. 그게 얼마나 기쁜지, 죄책감이 일 정도다. 그토록 단순한 것에서 놀랍도록 크고 순수한 기쁨이 든다. 나와 내 다리, 몇 킬로미터의 산책로, 푸른 초록빛 바다와 하얀 파도, 믿을 수 없이 새파란 하늘, 태양으로부터 전해지는 온기, 차츰 배어나기 시작하는 땀, 활력 없던 근육에서 느껴지는 아릿한 감각, 신발 안으로 들어오는 모래. 그게 전부다.

눈을 뜰 수 없을 정도로 눈부신 여름의 막바지, 나는 그 길을 걷고 또 걷는다. 흐린 날에는 후드티를 입고 걷는다. 바람이 어찌나 센지 렌즈를 낀 눈에 모래가 들어가 아프다.

비가 내리다가 막 그친 날에는 산책로 대신 젖은 모래사장 위를 걷는다. 썰물이 가까이 밀려와 들썩거린다. 모래사장과 산책로에 인적이 드문 날도 걷는다. 봉쇄 규정이 완화되어 모래사장이 파라솔과 모래성 쌓는 아이들로 가득한 날도 걷는다. 파도가 좋아서 찾아온 서퍼들이 수평선 점점이 보이는 날도 걷는다. 너무 슬프고 외로운 날에는 다른 데 집중하기 위해 오디오북을 들으며 걷는다. 그렇게 나의 것과는 다른 이야기에 빠져든다. 너무 기분이 좋은 날에는 고양감을 만끽하기 위해 음악을 들으며 걷는다. 기분이 나쁠 때는, 나쁜 기분보다 더 강한 다른 기분을 느끼고자 걷는다. 머릿속이 내적 갈등으로 가득 찬 나머지 미로 같을 때, 답을 찾지 못할 거라는 두려움이 닥칠 때, 나는 걷는다. 산책을 마칠 때쯤에 나는 틀림없이 차분해져 있다.

그 산책로를 얼마나 많이 걸었는지, 어느 날은 처음 보는 나이 든 부부가 나를 멈춰 세우고 말한다. "당신 걸음이 참 빠르군요. 항상 당신을 따라가려고 해보는데 한참 앞서 가버려요!" 체육 시간에 1마일 달리기 기록이 제일 느리다고 괴롭힘을 당했던 나는, 미소를 짓는다. 강해진 기분이다. 즐거움을 느낀다. 하루하루가 쌓인다. 노력을 한다. 나 자신에게 발전이라는 선물을 준다.

에필로그 당신의 의무는 즐거움이다

이 즐거움은 복잡하지 않다. 자연. 발전. 한걸음 그리고 또 한걸음. 갈수록 걷기가 더 쉬워지고 속도도 빨라지는 걸 알아차리는 일. 힘들게 느껴졌던 코스가 매주 더 쉬워지는 걸 알아차리는 일. 해변으로 가는 길, 계곡을 지나는 도로가 어디서 어떻게 꺾이는지 아는 일. 해변으로 가는 길에 쌓이는 운전 경험. 정확히 어떤 신호에서 유턴을 해야 하고, 태평양 연안 고속도로 가의 어느 지점에 자리가 잘 나는 주차장이 있는지 정확히 아는 일. 주마 해변이 그냥 내가 가기 좋아하는 장소였다가, 나의 해변으로 격상되는 느낌. 머릿속이 어지러우면 내 해변에 가고, 산책을 하고, 달라진 기분을 느낄 수 있다는 걸 아는 일. 산책을 마친 뒤에도 여전히 감정이 제멋대로 날뛰면, 차분히 그 감정을 들여다보면 된다는 걸 아는 일. 감정은 결국 스러질 것이고, 시간이 흐르면 애초에 어떤 이유로 기분이 나빴는지 기억하지도 못하리라는 걸 아는 일.

오로지 즐거워지기 위해, 즐거워하는 것.

나는 세계 최상급 달리기 선수가 되려는 게 아니다. 산책에 대해 아무것도 기록하지 않는다. 어떤 날은 느릿느릿 편안하게 걷는다. 어떤 날은 더 빨리 걷는 것에 도전해 본다. 나 자신을 위해. 그래, 나는 나 자신을 위해 걷는다. 나의 산책을 돈벌이로 삼거나, 상업화하거나, 내가 즐거움을 얻기 위해 하는 행동에서 벗어난 다른 무엇으로도 바꿀 생각 없다.

오로지 즐거움을 위한 만족.

이 산책을 쟁취할 필요가 없다. 이 산책으로 다른 것을 쟁취할 필요도 없다. 해변에서의 산책을 지금의 모습이 아닌 다른 무엇으로 만들 생각이 없다. 산책은 나 자신에게 돌아오는 방법이다. 쉽고 돈이 들지 않는 즐거움이다. 종류를 불문하고 깊은 감정을 느낄 때 내가 찾는 의지처다.

이 책의 몇 챕터는 모래사장이 끝나는 지점의 콘크리트 벽에 앉아서 핸드폰으로 썼다. 내가 인스타그램에 올리는 포스트의 대략 절반도 그 해변에서 썼을 것이다. 그곳에서 참 많은 시간을 보냈다. 똑같은 수평선을 다양한 날씨에 거듭 되풀이해서 사진으로 찍어놓았다.

헬스장 대신 야외에서 산책하고 자연에서 운동하기로 선택하고 (이게 진짜 운동 아니겠는가?) 매일 해변을 찾은 지 몇 달, 내 안에 있는 줄도 몰랐던 씨앗 하나가 싹트기 시작했다. 즐거움이 점점 더 중요하게 느껴지고 있었다. 나는 일정을 짤 때, 일부러 즐거운 경험에 시간을 할애하기 시작했다. 즐거움이 피어나고 만발할 공간을 확보했다. 전엔 한 번도 그런 적이 없었다. 즐거움을 이렇게 의식적으로 선택한 적은 없었다. 즐거움을 인생의 가장 중요한 부분으로 느낄 만큼 존중한 적은 없었다.

너무 오랫동안 즐거움을 쟁취해야 하는 것이라고 믿었다. 적어도 내가 나 자신을 위해 만들어 낼 수는 없는 것이라고 생각했다. 이 불공평한 세상에서는 즐거움을 느낄 여유가 없다고 생각했다. 어떤 일에서 즐거움을 느끼면, 집중이 부족했던 것이라고 해석했다.

하지만 몇 달 동안 해변에서 산책을 이어 나가며 나는 깨달았다. 즐거움을 위한 만족은 삶의 의무다. 즐거움은, 그냥 살아남는 것만으로도 어려운 세상에서, 잘 살아가는 방법이다. 세상의 어두운 면에 눈을 돌리고 공감 능력을 낮추라는 의미는 아니다. 자신에게 집중하고, 자신을 충전하라는 의미다.

즐거움을 위한 만족이야말로 인생의 핵심이다.

즐겁게 산다는 건, 인생을 흘러가는 대로 방치한다거나 중요한 것에 집중하지 않는다는 의미가 아니다. 온전히 깬 정신으로 살기 위해 물과 음식과 잠이 필요하듯, 인생에도 오롯한 즐거움이 필요하다. 즐거움은 우리를 계속 나아가게 한다. 우리에게 목적을 준다. 즐겁지 않다면, 뭐하러 사는가?

증명하기를, 노력하기를, 자신을 갈아넣기를 멈추면—
우리가 존재할 자격을 얻기 위해 해야 한다고 착각하는 그
모든 걸 그만두면—그 자리에는 즐거움이 남는다. 복잡하
지 않은 즐거움. 무조건의 즐거움. 그저 즐거움을 느끼기 위
한 즐거움. 즐거움을 느낄 수 있기에 존재하는 즐거움. 그저
존재하기에 존재하는 즐거움. 그저 우리가 존재하기에 존재
하는 즐거움.

즐거움을 참지 마라. 즐거움을 조금씩 아껴서 느끼지 마
라. 즐거움을 쟁취하지 마라. 즐거움을 기다리지 마라. 무언
가를 '충분히' 이루거나 이상적인 몸매를 가질 때까지 즐거
움을 미루지 마라. 즐거움을 병아리 눈물만큼만 느끼는 일
을 그만둬라.

세상에 존재하는 모든 즐거움을 누려라. 무모할 정도로
많은 즐거움을. 즐거움에 파묻혀라. 사랑에 파묻혀라. 그래
도 당신은 길을 잃지 않을 것이다. 그 안에서 길을 찾게 될
테니까.

모든 게 엉망일 때, 즐거움으로 돌아가라. 모든 게 너무
과할 때, 즐거움으로 돌아가라. 희망이 없어 보일 때, 즐거
움으로 돌아가라.

즐거움을 우선순위로 삼아라. 즐거움을 일상의 행위로 삼아라. 스스로 즐거워지는 길에 올라라. 즐거움을 만들어라. 즐거움을 쌓아라. 즐거움을 위한 즐거움은 우리가 매일 받는 선물과 같다. 그러니 한 번에 한 티스푼씩만 맛보지 마라. 당신이 원하는 만큼 잔뜩 누려도 좋다. 즐거움을 느끼는 자신을 믿어라. 즐거움이 당신이 가야 한다는 것조차 몰랐던 정확한 곳으로 당신을 이끌 것이다.

근본적으로 만족스러운 삶의 핵심에는 복잡하지 않고 무모하기까지 한 즐거움이 있다. 세상은 여전히 당신에게 거짓말을 할 것이다. 피라미드 꼭대기에 오른 사람들만, 사회가 '충분히 잘났다'고 인정한 사람들만 모든 즐거움을 누릴 수 있다고. 그 말에 귀 기울일 필요 없다. 그 생각에서 벗어나기로 선택해라. 당신이 어떤 사람인지는 당신 스스로 정한다. 당신에게 뭐가 중요한지는 당신이 정해야 한다. 당신에게 어떤 가치가 있는지, 어떤 가치관을 지녔는지, '좋은' 인생이 당신에게 어떤 모습이고 어떤 느낌인지, 전부 당신 스스로 정하는 것이다. 그게 당신이 지닌 힘이다. 잊지 마라. 그 힘을 낭비하지 마라. 자기 자신이 아닌 세상을 믿지 마라. 당신은 당신의 세상이다. 당신의 온 우주다.

즐거움을 위한 즐거움은 삶을 되찾는 것이다. 혁명이다.

근본적으로 만족스러운 삶을 일굴 밑바탕이다. 그러니 즐거움을 꼭 거머쥐어라. 당신에겐 공짜다. 당신이 누구든, 과거가 어떠했든, 어디서 왔든, 우리 모두 즐거움을 만들어 낼 능력이 있다. 그래서 즐거움은 가장 평등한 상태이기도 하다.

즐거움은 우리 모두에게 어느 때나 열려 있다.

무모하고 원초적이고 급진적인 즐거움을 얻는 운 좋은 사람들이 대체 어떤 사람들이냐고? 그냥, 즐거워지는 방법을 아는 사람들이다.

그들은 언제든 어디서든 즐거움을 찾을 줄 안다. 그들은 즐거움을 위한 즐거움의 중요성을 안다.

이제 당신도 알 것이다.

인생의 너무 많은 시간을 기다림에 허비했다. 성공하길 기다렸다. 날씬해지길 기다렸다. 모든 게 딱 들어맞는 순간을 기다렸다. 책 계약을 기다렸다. 가치 있는 사람이 되길 기다렸다. 모든 게 완벽하게 준비되어서 마침내 진짜 인생을 시작할 수 있는, 모호한 미래를 기다렸다. 삶을 기다렸다. 즐거움을 기다렸다. 만족을 기다렸다.

나는 허락을 기다리고 있었다. '이제 모든 기준을 통과했으니 가서 행복해져도 좋아요'라고 말해줄 사회적 허가를 기다리고 있었다. 내가 그러고 있다는 걸 의식하진 못했다.

에필로그 당신의 의무는 즐거움이다

무의식적으로 마냥 기다렸다. 사회와 문화가 내게서 요구하는 것들에 대한 믿음이 내면화되어 있었기 때문이다. 내가 믿고 있던 가치는 서구 사회에서 주입된 것이었다. 남들에게 그럴듯해 보이는 인생을 살지 못하면, 인생을 즐길 수 없다. 남보다 나아야만 좋은 삶이다.

이제 알겠는가? 우리가 어떻게 무의식적으로 서열을 만드는지. 우리가 어떻게 우리 자신의 삶을 남의 삶과 비교해 가치를 매기는지. '내 결혼생활은 적어도 그 사람들보단 낫지. 내가 적어도 이웃에 사는 저 사람보단 낫지. 나도 완벽하지 않지만 적어도 저 여자보단 낫지.' 우리는 비교를 통해 남보다 못한 기분을 느끼기도 하고 남보다 잘난 기분을 느끼기도 한다. 그렇게 우리 모두 위계에 들어가게 된다. 누가 누구보다 잘 하는지 겨루는 게임에 참여하게 된다. 경주를 시작하게 된다. 권력과 힘을 쟁취하기 위해 다 같이 투쟁하는 구조에 편입된다. 적어도 우리가 더 우위에 있다. 적어도 우리가 더 낫다. 적어도. 적어도. 적어도.

하지만 우리가 갈망하는 삶이 정말로 그런 모양일까?

나는 아니었다. 나도 이 게임을 오래 했지만, 나는 아니었다. 내 인생이 나아지길 바라는 기다림에 중독되어 있었지만, 내겐 이 삶이 맞지 않았다.

나는 계속 허락을 기다렸다.

나 자신과 내 몸을 사랑해도 좋다는 허락을. 행복해도 된다는 허락을. 즐거움을 경험해도 된다는 허락을. 자유로워도 된다는 허락을. 모든 게 노력해서 쟁취할 대상이라고 생각했다.

나 혼자서 그런 결론에 다다른 건 아니었다. 머릿속에 박힌 개념들을 하나하나 지워 나가면서, 그것들이 미디어에서 학습된 것임을 확실히 깨달았다. 내가 품고 있던 오해들은 잡지와 TV 프로그램과 영화가 내게 가르친 것이었다. 미디어는 가치관의 태피스트리를 직조한다. 자라면서 나는 행복이 10킬로그램 감량에 있다고, 완벽한 연애에 있다고, 피땀 흘려 노력해서 모든 꿈을 이루는 사람에게만 주어진다고 배웠다. '여름을 대비해 몸을 만들어라' 같은 악의 없는 조언조차, 누구에게 여름을 즐길 자격이 있고 없는지를 미묘하게 암시한다. 여름은 '올바른' 몸을 지닌 사람들에게만 열려 있는 걸까? 여름은 뼈를 깎는 노력으로 '올바른' 몸매를 얻어낸 사람들만 즐길 수 있는 걸까? 한 문장만 떼어놓고 보면 무해한 조언에 불과하지만, 이런 조언들이 오만 군데에서 쏟아지면, 그때부턴 우리를 해치기 시작한다. 우리는 메시지의 홍수에서 탈출할 수 없다.

에필로그 당신의 의무는 즐거움이다

당신은 무얼 기다리고 있는가? 누가 당신에게 허락을 내릴 것인가? 기다리기를 멈추는 것, 당신이 기다리고 있는 것에 대한 허락을 스스로 내리는 것은 급진적인 행위다.

산산이 부서진 당신의 조각들을 다시 당신에게로 불러들여라. 자신을 믿어라. 자신을 근본적으로 사랑해라. 다른 누구도 당신이 어떤 사람인지 결정하지 않는다. 당신에게 어떤 가치가 있는지 정하지 않는다. 세상은 다른 사람이 당신보다 힘이 있다고 믿게끔 설득할 것이다. 그건 거짓말이다. 당신의 모든 조각을 다시 받아들이고 나면, 깨닫게 될 것이다. 힘은 남들에게 주어지지 않았다. 그리고 당신의 내면에는 뜨거운 혁명이 도사리고 있다. 반짝, 하고 불이 켜지기만을 기다리는.

이제 성냥에 불을 켤 시간이다.

과부하 인간

1판 1쇄 인쇄 2023년 12월 1일
1판 1쇄 발행 2023년 12월 11일

지은이   제이미 배런
옮긴이   박다솜
발행인   양원석
편집장   박나미
책임편집   이정미
디자인   MALLYBOOK
영업마케팅   김용환, 이지원, 한혜원, 정다은
펴낸 곳   ㈜ 알에이치코리아
주소   서울시 금천구 가산디지털2로 53, 20층 (가산동, 한라시그마밸리)
편집문의   02-6443-8827
도서문의   02-6443-8800
홈페이지   http://rhk.co.kr
등록   2004년 1월 15일 제2-3726호
ISBN 978-89-255-7566-7 (03100)